T0337258

MANERAS
SENCILLAS DE
ENSEÑARLE
A SU NIÑO
ACERCA DE DIOS

52

MANERAS
SENCILLAS DE
ENSEÑARLE
A SU NIÑO
ACERCA DE DIOS

T. TEMPLE

GRUPO NELSON
Una división de Thomas Nelson Publishers
Desde 1798

NASHVILLE   DALLAS   MÉXICO DF.   RÍO DE JANEIRO

Traducción: *Javier Quiñones*

ISBN: 978-1-60255-626-3

Para
Doug Fields
Maestro fotógrafo

◆ Contenido

Cómo usar esas ideas   11

1. Dios es como el AGUA:
   Comience un combate acuático   13

2. Dios es como un ÁGUILA:
   Estudie las águilas   15

3. Dios es como un ALFARERO:
   Juegue con arcilla   17

4. Dios es como un AMANTE CELOSO:
   Lea una historia de amor   19

5. Dios es como un ARTISTA:
   Vaya a una exhibición de arte   21

6. Dios es como un BEBÉ:
   Examine a un bebé   23

7. Dios es como un BUEN AMIGO:
   Entable una buena amistad   29

8. Dios es como un CAPITÁN DE EQUIPO:
   Elija los bandos   33

9. Dios es como un CARPINTERO:
   Trabaje con madera   35

10. Dios es como un COMEDIANTE:
    Dirija una comedia   39

11. Dios es como un COMPAÑERO DE CUARTO:
Pasee por la casa ... 41

12. Dios es como un CONSEJERO:
Realice una reunión de consejería ... 43

13. Dios es como un CORDERO:
Sacrifique algo ... 47

14. Dios es como un ESCUDO:
Dramatice una batalla con periódicos ... 49

15. Dios es como una ESPADA:
Estudie sobre espadas ... 51

16. Dios es como un FUEGO:
Queme algo ... 53

17. Dios es como un FUERTE:
Haga una excursión a un fuerte ... 55

18. Dios es como un FUNDAMENTO:
Construya una pared ... 59

19. Dios es como una GALLINA:
Acaricie una gallina (trate) ... 61

20. Dios es como un GENIO:
Haga un concurso de trivialidades ... 65

21. Dios es como un GUÍA:
Emprenda una caminata de fe ... 67

22. Dios es como un HEREDERO:
Haga un testamento ... 69

23. Dios es como un HERMANO MAYOR:
Hable a lo grande ... 71

24. Dios es como el INVITADO DE UNA FIESTA:
Vaya a una fiesta de la iglesia ... 73

25. Dios es como un HUMANO:
Retroceda en el tiempo ... 75

26. Dios es como un INVENTOR:
Haga un mundo en miniatura ... 77

27. Dios es como un JEFE:
    Sea el jefe 81
28. Dios es como un JUEZ:
    Vaya a la corte 83
29. Dios es como un LEÓN:
    Lea un relato acerca de un león 87
30. Dios es como una LUZ:
    Apague las luces 89
31. Dios es como la LLUVIA:
    Disfrute de la lluvia 93
32. Dios es como un MAESTRO:
    Juegue al maestro 95
33. Dios es como una MAMÁ:
    Haga una encuesta a mamá 97
34. Dios es como un MÉDICO:
    Visite la oficina del médico 99
35. Dios es como un MENSAJERO:
    Entregue un mensaje 103
36. Dios es como un NIÑO:
    Espíe a los preescolares 105
37. Dios es como un OYENTE:
    Escuche callado 109
38. Dios es como el PAN:
    Haga una reunión para hornear 113
39. Dios es como un PAPÁ:
    Dirija una encuesta a papá 117
40. Dios es como un PARAMÉDICO:
    Ensaye un rescate 121
41. Dios es como un PASTOR:
    Cuide una mascota 123
42. Dios es como un REGALO:
    Abra un obsequio 127

43. Dios es como un REY:
    Celebre una coronación   131
44. Dios es como una ROCA:
    Vaya a escalar   135
45. Dios es como un SACERDOTE:
    Confiésese   137
46. Dios es como un SALVAVIDAS:
    Practique salvar vidas   141
47. Dios es como un SIERVO:
    Sea un sirviente   145
48. Dios es como un SOÑADOR:
    Sueñen despiertos juntos   147
49. Dios es como una TORRE:
    Crezca   151
50. Dios es como una VID:
    Busque una vid   153
51. Dios es como la VIDA:
    Visite un cementerio   155
52. Dios es como una VOZ:
    Reconozca esa voz   159

◆ Cómo usar estas ideas

Este no es un libro de lecciones de Escuela Dominical acerca de Dios. No contiene versículos para memorizar, pruebas bíblicas, ni tareas. No hay planes para las lecciones, resúmenes, ni listas de materiales.

Olvídese de todas esas cosas que pertenecen a un aula, estas son actividades sencillas que le ayudan a comenzar conversaciones con su hijo acerca de Dios. Cada idea le ayuda a describir un aspecto del carácter de Dios. He aquí cómo comenzar:

Primer paso   *Elija.* Seleccione una idea que le interese. No tiene que ir a través del libro en orden (las ideas están organizadas alfabéticamente), cada una es nuestra propia descripción de Dios.

Segundo paso   *Lea.* Cada idea comienza mostrándole a *usted*, el padre, cómo Dios es semejante al retrato que describe el título (p. ej., «Dios es como un artista»). Luego se sugiere una actividad para ayudarle a trasmitir ese concepto a su hijo.

Tercer paso   *Cambie.* Juegue con la actividad para que se ajuste a la madurez, las habilidades y los intereses de su hija. De no hacerlo, quizás algunas de las ideas le entren por un oído y le salgan por el otro y a lo mejor otras le parezcan infantiles.* Usted conoce mejor a su hija, proyecte la actividad teniéndola en cuenta a ella. Las preguntas de discusión sólo son sugerencias; siéntase en libertad de usarlas o descartarlas según desee. Además, aunque la mayoría de las ideas se conciben como actividades entre dos personas, dan resultados con dos niños o como actividades para toda la familia.

Muchas de las ideas incluyen una sección llamada «Otras perspectivas»; aquí se describen actividades adicionales que se relacionan con el concepto. Tal vez desee darle continuidad a la actividad principal con una de ellas. Además, si la idea principal le resulta poco práctica, es posible que una actividad en esta sección pueda resultar en su lugar.

Cada idea comienza con un versículo bíblico que sugiere la descripción de Dios expresada en la actividad. A lo mejor desea usar este versículo en la conversación. Una sección de «Autorretratos» concluye muchas de las ideas. Contiene además otros versículos que le ayudarán a comunicar la descripción.

---

* *Una nota acerca del lenguaje:* Tal vez usted sea un padre o una madre que utiliza estas ideas con su hijo o su hija. Así que en lugar de crear oraciones aburridas como: «Al principio el padre o la madre no debe expresar su opinión para que el niño o la niña se sienta libre de expresar la suya», hago referencia a un sexo u otro. Algunas ideas están escritas con el niño como hijo, otras como hija. De todas formas, las ideas darán resultados con niños o niñas.

1 ♦ Dios es como el agua

Comience un combate acuático

Dios, Dios mío eres tú; de madrugada te buscaré; mi alma tiene sed de ti, mi carne te anhela, en tierra seca y árida donde no hay aguas. (Salmo 63.1)

En un clima cálido y seco uno necesita beber siete litros y medio de agua al día sólo para andar. No en balde su cuerpo utiliza agua para todo: control de temperatura, digestión, filtrar aire, para los desechos, crear células y si tiene menos de dos años de edad, para babearse. Es más, su cuerpo es aproximadamente setenta por ciento agua.

Dios es como el agua. Refresca y enfría, satisface nuestros deseos, saca toda la basura de nuestras vidas. Es decir, hace esto si nos lo tomamos.

Diversión mojada Los combates acuáticos son fáciles de comenzar durante un día caliente. Por ejemplo, usted y su niño podrían lavar el auto juntos. Mientras su niño enjuaga el auto con la manguera, métase «accidentalmente» en el chorro. Con falsa seriedad, acúselo de intentar mojarlo, después acérquesele con esa mirada de dame la manguera. Si es como la mayoría de los niños, se la dará en la cara. Corra y busque un cubo que había escondido tras el auto, entonces atáquelo. Si abandona la manguera, recójala y comience a mojarlo. El resto de la batalla es asunto de ustedes.

Cuando terminen de mojarse, séquense y hablen acerca de todos los detalles del combate. Hablen acerca del porqué el agua es tan divertida. Hablen de por qué es tan importante para nosotros físicamente hablando. Después hablen acerca de la idea de que Dios es como el agua. Pregunte: «¿En qué se parece Dios al agua? ¿Qué sucede cuando "derramas" a Dios en tu vida? ¿Qué significa eso? ¿Cómo te proteges de la deshidratación?»

Autorretratos

> *Como el ciervo brama por las corrientes de las aguas,*
> *Así clama por ti, oh Dios, el alma mía.*
> *Mi alma tiene sed de Dios, del Dios vivo;*
> *¿Cuándo vendré, y me presentaré delante de Dios?*
> (Salmo 42.1,2)

> *Cualquiera que bebiere de esta agua, volverá a tener sed; mas el que bebiere del agua que yo le daré, no tendrá sed jamás; sino que el agua que yo le daré será en él una fuente de agua que salte para vida eterna.*
> (Jesús, Juan 4.13,14)

2 ◆ Dios es como un águila

Estudie las águilas

Lo guardó como a la niña de su ojo. Como el águila que excita su nidada, revolotea sobre sus pollos, extiende sus alas, los toma, los lleva sobre sus plumas.
(Deuteronomio 32.10,11)

El gran momento en la vida de un águila es cuando aprende a volar. No hay lecciones en el aula, libros de texto, películas, conferencias, ni tareas. La madre simplemente transporta al aguilucho en sus alas a una gran altura y lo deja caer, un curso acelerado, por así decirlo.

Bueno, realmente no es así. Ella baja rápidamente y agarra la cría antes de finalizar el curso. Luego repite la lección hasta que el aguilucho aprende. Con cada vuelo de prueba se fortalecen las alas de la cría. Aprende a balancearse, controlar el vuelo y a cómo remontarse dentro de columnas de aire ascendente. Finalmente aprende a despegar, volar y aterrizar por sí mismo. Otra águila se gana sus alas.

Dios el Águila hace lo mismo con nosotros. Algunas veces nos deja caer en situaciones espantosas y desconocidas. Aprendemos a volar por fe, la fe en que Él sabe lo que hace; que nos ama tanto que dejará que seamos destruidos; que volar será algo tan increíble que todo lo que nos hace pasar para aprender valdrá la pena.

Estudio de águilas   Lean un libro juntos acerca de las águilas. Hablen acerca de cómo cuidan de sus crías, aprenden a volar, cómo se remontan. Pídale a su niño que se imagine cómo sería aprender a volar de esa manera. «¿Qué pensarías a medida que tu madre te va soltando? ¿Pensarías que está tratando de matarte? ¿Por qué te enseña a volar de esta manera? ¿Se asusta *ella* en algún momento por su niño?»

Ahora hable acerca de Dios el Águila. Algunas veces Dios nos presenta nuevas maneras de pensar o actuar al colocarnos en situaciones nuevas en donde aprendemos por necesidad. Pídale a su niño que piense acerca de algunos ejemplos. ¿Acaso se ha asustado en algún momento porque temía que Dios no lo agarraría?

Autorretratos

> *Vosotros visteis lo que hice a los egipcios, y cómo os tomé sobre alas de águilas, y os he traído a mí.*   (Éxodo 19.4)

> *Pero los que esperan a Jehová*
>   *tendrán nuevas fuerzas;*
> *levantarán alas como las águilas;*
>   *correrán, y no se cansarán;*
>   *caminarán, y no se fatigarán.*
> (Isaías 40.31)

3 ♦ Dios es como un alfarero

Juegue con arcilla

Ahora pues, Jehová, tú eres nuestro padre;
nosotros barro, y tú el que nos formaste; así
que obra de tus manos somos todos nosotros.
(Isaías 64.8)

¿Ha visto alguna vez a un alfarero trabajando? Es difícil decidir qué es más lindo: la vasija formada del montón de arcilla o la danza que realizaron las manos del alfarero para crearla. Ella hace que se vea fácil, pero hacer una olla es trabajo difícil y delicado. Para hacer una olla, todo tiene que estar bien: la consistencia de la arcilla, la humedad de las manos, la velocidad de la rueda, el espesor de la olla. Si algo está mal, la olla se le cae en las manos.

Aun si hace una olla hermosa, una burbuja de aire escondida en la arcilla puede explotar mientras se calienta, destruyendo su obra y todo lo demás en el horno. Si su obra sobrepasa la rueda y el horno, la obra de arte terminada es tan delicada que se despedazará si la dejan caer o si la golpean.

Dios es como un alfarero. Trabaja mucho y arduamente para moldearnos en formas delicadas y complejas. Nos moldea de forma cuidadosa en vasijas hermosas y útiles. Cuando haya terminado de formarnos, nuestras vidas son tan frágiles como una olla de arcilla.

Juego con arcilla Obtenga arcilla de una tienda de materiales de arte. Trate de conseguir la que se endurece sin un horno. No se preocupe de tratar de utilizar una rueda de alfarero para esta actividad, son difíciles de utilizar y aprender a usarlas es algo frustrante. En lugar de eso, haga tazones de fuente u otros objetos pequeños con sus manos. Mientras usted y su niño trabajan, hablen acerca de Dios el Alfarero.

Autorretratos

Vuestra perversidad ciertamente será reputada como el barro del alfarero. ¿Acaso la obra dirá de su hacedor: No me hizo? ¿Dirá la vasija de aquel que la ha formado: No entendió? (Isaías 29.16)

¿O no tiene potestad el alfarero sobre el barro, para hacer de la misma masa un vaso para honra y otro para deshonra? (Romanos 9.21)

4 ◆ Dios es como un amante celoso

Lea una historia de amor

Porque no te has de inclinar a ningún otro dios, pues Jehová, cuyo nombre es Celoso, Dios celoso es. (Éxodo 34.14)

El libro de Oseas es una historia de amor. A primera vista uno piensa que simplemente se trata de uno llamado Oseas, una joven llamada Gomer y los hijos que tuvo: Jezreel, Lo-ruhama y Lo-ammi (puede imaginarse el primer día de escuela de *ellos*). Pero entonces se percata de que también es una historia de amor acerca de alguien llamado Dios, una joven llamada Israel y los niños que tuvo *ella*: pecado, rebelión e infidelidad.

Dios es un amante celoso. Odia cuando lo dejamos a un lado para buscar otros amores. Después de todo, Él juró ser *nuestro* amante: no le ha hecho promesas secretas ni a las papas ni a los periquitos. Como amante nuestro, ha decidido cumplir sus sueños a través de nosotros. Si procuramos ser fieles, tenemos que vivir nuestros sueños a través de Él.

Lea acerca del amor Lean juntos los primeros tres capítulos del libro de Oseas. Realmente no es una novela romántica moderna. Por un lado está bien escrita y por el otro es mucho más breve. Cuando terminen, hablen acerca de la primera historia de amor: Oseas y Gomer: «¿Por qué estaba celoso Oseas? ¿Qué hizo al respecto? ¿Por qué Gomer abandonó a Oseas para amar a otros hombres? ¿Crees que ella se sintió mal? ¿Pensó acerca de cómo hería a Oseas? ¿Qué provocó que Oseas aceptara a Gomer de nuevo?»

Entonces hablen acerca de la segunda historia de amor, Dios e Israel: «¿Por qué Dios se puso tan celoso? ¿Qué hizo al respecto? ¿Por qué Israel abandonó a Dios? ¿Qué hizo que Dios aceptara de nuevo a Israel?»

Ahora hablen acerca del amor celoso de Dios por nosotros: «¿Qué cosas podrías hacer que provoquen los celos de Dios? ¿Por qué se pondría celoso? ¿Cómo te sientes al saber que Dios te ama tanto que no puede soportar cuando no le das el primer lugar?»

Autorretratos

> *No te inclinarás a ellas, ni las honrarás; porque yo soy Jehová tu Dios, fuerte, celoso, que visito la maldad de los padres sobre los hijos hasta la tercera y cuarta generación de los que me aborrecen.* (Éxodo 20.5)

> *Porque Jehová tu Dios es fuego consumidor, Dios celoso.* (Deuteronomio 4.24)

5 ◆ Dios es como un artista

Vaya a una exhibición de arte

Los cielos cuentan la gloria de Dios, y el firmamento anuncia la obra de sus manos.
(Salmo 19.1)

¿Por qué Dios hizo las cosas tan bellas? No tenía que hacerlo. Pudo haberlo hecho mucho peor. Pudo haber creado todas las flores con olor a moho, que los árboles fueran grises y que las comidas supieran a col. Pudo haber hecho todos los animales idénticos, que cada puesta de sol fuera igual, que todas las temporadas fueran iguales, que la temperatura permaneciera en cuarenta grados todo el año.

Pero Dios no es una fábrica; es un artista.

Cuando pintó al mundo, utilizó una paleta que contenía todos los colores, patrones, formas, texturas, olores, sabor y sonido. ¿Por qué tanta variedad? Quizás porque le pareció que tenía que mirarlo por unos años, así que a fin de cuentas sería mejor hacerlo interesante. Tal vez le pareció que Él era el artista maestro y nosotros seríamos sus estudiantes, así que deseaba inspirarnos.

O, es posible que Dios utiliza su arte como ventanas mediante las cuales vislumbremos al artista. Podemos encontrar imágenes de su carácter en Su creación.

Críticos de arte Visite la biblioteca y saque dos libros, uno que contenga fotos de esculturas o pinturas y otro con fotografías de la naturaleza.

Mire a través del primer libro con su hija, deténgase de vez en cuando para evaluar una obra de arte: «¿Qué piensas de esta pintura [o escultura]?» «¿Qué crees que nos estaba tratando de decir el artista?» «¿Cómo crees que se encontraba el artista? ¿Feliz? ¿Triste? ¿Enojado? ¿Preocupado?» «¿Por qué piensas eso?» Con las hijas mayores, puede leer acerca de un artista y tratar de ver cómo se relaciona su arte con su vida. El asunto es ayudar a su hija a utilizar el arte como una ventana al carácter de su artista. Hágalo con unas cuantas muestras.

Ahora mire las fotos de la naturaleza. Explique que Dios también es un artista. Mientras miran juntos varias fotos de animales, plantas y paisajes, hágale a su hija el mismo tipo de preguntas que formuló antes. Es importante animarla a describir al Artista tal como se revela en su arte, no simplemente el Dios que aprendió en la Escuela Dominical.

He aquí algunas palabras que usted o su hija podrían utilizar: *complejo, genial, sensitivo, delicado, callado, peligroso, valiente, fuerte, grande, cómico.*

Otras perspectivas *Caminata artística.* En lugar de buscar la obra de Dios en libros, obsérvela en su contexto natural o en un zoológico.

6 ♦ Dios es como un bebé

Examine a un bebé

Que os ha nacido hoy, en la ciudad de Da-
vid, un Salvador, que es CRISTO el Señor.
Esto os servirá de señal: Hallaréis al niño en-
vuelto en pañales, acostado en un pesebre.
(Lucas 2.11-12)

Dios en pañales Seamos francos: Jesús *pudo* haber hecho una entrada más impresionante al planeta tierra. Pudo entrar zumbando en un meteorito. O haber bajado esquiando a través de un relámpago. Pudo haberse montado sobre un tigre de Bengala y andar a través de las calles o haber volado sobre un águila enorme. (De haberlo hecho, hacer el papel de Jesús en el drama anual de Navidad hubiera sido algo más divertido.)

Jesús *pudo* haber llegado con clase. En lugar de eso, se apareció en un pesebre.

Estaba desnudo y sangriento, un recién nacido indefenso, lloroso, babeado, con el rostro sonrosado y las mejillas hinchadas. Ellos cortaron su cordón umbilical, lo envolvieron en un paño y lo colocaron en el comedero de los animales. Helo ahí: Dios, Creador del universo, Rey de todo el mundo, hace su gran presentación en la tierra como un niño nacido en un pesebre que se chupa el dedo y envuelto en pañales sucios. (De ahí, su hábito de olvidar cerrar las puertas.) Jesús no cayó del cielo *disfrazado* como humano. *Era* humano y llegó aquí como el resto del mundo. Hasta tenía un ombligo para probarlo.

El bebé médico   Para ayudar a que su hijo entienda el significado de este concepto de Dios como niño, examine a un bebé. Puede hacerlo con un hermanito menor, o puede tomar prestado el de una de sus amistades. Necesitará la ayuda de los padres del bebé en algunas de las preguntas. También necesitará algún equipo: algo que le sirva para medir (como lo que usan los sastres), una balanza, un juguete, un bolígrafo. Asegúrese de lavarse las manos antes de comenzar el examen. Llene el formulario al final de esta sección en base a su labor conjunta.

Al finalizar el examen, sirva leche y galletas (o mermelada de manzana) en la guardería del bebé y discuta sobre la niñez. Aquí no se ocupe de buscar respuestas «correctas»; simplemente trate de que su hijo se imagine a Jesús como un verdadero bebé.

Pregunta: ¿Por qué lloran los bebés? ¿Por qué les gusta tanto que los carguen? ¿Por qué su piel es tan suave? Con todo el lloriqueo, pañales sucios, cuentas médicas, desvelos y narices mocosas, ¿por qué los adultos desean tener bebés? ¿Por qué Dios hace que lleguemos como niños en vez de adultos?

Ahora lean juntos el relato de la primera Navidad de Lucas 2.1-12. Comenten acerca del mismo: ¿Por qué envolvieron a Jesús en pañales? ¿Por qué le colocaron en un comedero (pesebre)? ¿Tenía Jesús ombligo? ¿De qué clase? ¿Cree que Jesús ensució sus pañales en algún momento? ¿Por qué decidió Dios aparecerse en la tierra como un niño en lugar de un adulto?

Explique cuán indefensos son los bebés: Cuando tienen frío, no pueden ponerse más ropa ni cubrirse con su sábana. Cuando tienen hambre, no pueden ir al refrigerador y hacerse un emparedado de mantequilla de maní. Cuando tienen sed, no pueden ir al mercado a comprar un refresco. No pueden gatear para tomar el juguete que desean y no pueden salir de la casa cuando hay un fuego. Realmente no pueden hacer nada por sí mismos. De no ser por la continua atención de otras personas, se morirían.

Podría decirle algo así a su hijo: «¿Acaso no te has sentido indefenso en alguna ocasión? Es algo espantoso, ¿verdad? Una de las razones por las cuales Dios llegó a ser un bebé indefenso es porque deseaba que supiéramos que *Él* sabe lo que se siente cuando uno está indefenso. Sabe cómo se siente el sarpullido con los pañales. Sabe lo que es tener frío y no poder cubrirse con su sábana. Sabe cuán espantoso es estar a solas en un cuarto oscuro y escuchar sonidos extraños. Sabe lo que es estar indefenso. Así que la próxima vez que te sientas indefenso o asustado o solitario, háblale a Jesús. Puedes decir: "Jesús, me siento indefenso. Tú sabes cómo se siente eso, así que, ¿me podrías ayudar por favor?" Él sabe exactamente cómo te sientes porque una vez Él también fue pequeño».

Otras perspectivas *El momento Gerber.* Su hija puede adquirir una mejor comprensión del desamparo haciendo distintos papeles. Déjela fingir que es un bebé. Aliméntela. Durante la comida ella no puede hablar ni señalar para mostrarle lo que desea comer, ni puede comer por sí misma. Sírvale sólo alimentos blanditos y pulposos y póngale un babero (ella aún tiene un método para expresar disgusto). Después de la comida conversen sobre lo que le agradó y le desagradó. Pregúntele si fue frustrante no poder hablar. Pregúntele qué hace un bebé cuando ya está satisfecho, o aún tiene hambre, o no le gustan las zanahorias coladas.

Una retrospectiva del bebé. Vean juntos el álbum de fotografías del bebé. Cuéntele acerca del viaje al hospital, quién vino a visitar, la lista de los nombres que hizo, la llegada al hogar, cómo se veía la guardería, los primeros gateos del bebé, la primera palabra, la primera risa grande.

Examen del bebé

Nombre del bebé _____

Fecha de nacimiento:_____ Edad _____ Meses

Cantidad de cambio de pañales diarios: _____

Cantidad de horas de sueño diarias: _____

Cantidad de veces que generalmente
  se despierta el bebé durante la noche: _____

Peso: _____ kilogramos _____ gramos

Estatura: _____ centímetros

Extensión del dedo índice: _____ centímetros

Extensión del pie: _____ centímetros

Circunferencia de la cintura: _____ centímetros

Pulso: _____ palpitaciones por minuto
  (*cuente durante seis segundos, multiplíquelo por 10*)

La prueba de la fuerza:
  ☐ fuerte ☐ mediano ☐ ligero

Seguir con la vista: Analizar si el bebé sigue un objeto moviéndose en su campo visual

☐ sí ☐ no ☐ más o menos

Su cabello huele a (*marque uno*)

☐ champú   ☐ jaula de roedores
☐ jabón   ☐ no huele
☐ fijador   ☐ otro: _____

Toque el brazo del bebé con su lengua: ¿cómo sabe?

☐ salado   ☐ como pizza de anchoas
☐ aceitoso   ☐ desabrido
☐ jabonoso   ☐ otro: _____

Examine la rodilla: ¿cómo la describiría?
(*marque uno*)

☐ regordeta   ☐ regordeta y arrugada pero
☐ arrugada   linda en cierta forma
☐ linda   ☐ otro: _____

Examine el ombligo:

☐ hundido
☐ sobresale
☐ no se sabe
☐ no tiene (quizás un extraterrestre)

7 ♦ Dios es como un buen amigo

Entable una buena amistad

Ya no os llamaré siervos, porque el siervo no sabe lo que hace su señor; pero os he llamado amigos, porque todas las cosas que oí de mi Padre, os las he dado a conocer.
(Jesús, Juan 15.15)

Su mejor amigo es una de esas pocas personas en el planeta que sabe todo acerca de usted y sin embargo le agradas de todas maneras. Eso es bastante especial, tomando en cuenta todas las personas que sólo han visto su lado *bueno* y aun así no se impresionan.

Uno de los ingredientes para una buena amistad es permitir que la otra persona pueda verle por dentro: que vea sus sueños y temores, que aprenda su lado fuerte y su lado débil. Cuando Jesús apareció, los humanos vimos un lado de Dios que Él jamás le mostró a nadie. Conocimos un Creador vivo que respiraba, reía, lloraba, jugaba, se enojaba, salía a caminar, salía a fiestas y le decía a las personas lo que pensaba. De pronto, todos podíamos tener un buen amigo.

Edifiquemos una buena amistad Los verdaderos amigos son difíciles de hallar. Así que, ¿por qué no ayudar a nuestro hijo a *edificar* una buena amistad? Confeccione un maniquí con almohadas y toallas enrolladas, luego vístalo. Dibuje una cara en una funda vieja de almohada. Si esta actividad es familiar, haga dos maniquíes.

Pídale a su hijo que nombre a su amigo ideal y le dé una personalidad. Invítelo a que describa las comidas, música, deportes, pasatiempos, programas de televisión y héroes favoritos de su buen amigo. Para lograr que hable sobre las cualidades de un buen amigo, pídale que describa lo que hace especial a su amigo. Pregunte: «¿Sabe escucharle? ¿Qué hace cuando otros le critican a sus espaldas? ¿Qué hace cuando le cuenta un secreto? ¿Acaso hay algo acerca de usted que teme contárselo? Si averiguara las peores cosas acerca de usted, ¿seguiría siendo su mejor amigo?»

Ahora hable acerca de Dios. «Jesús dice que es nuestro amigo. Pero, ¿cómo lo sabemos? ¿Se ajusta a nuestra idea de un buen amigo? ¿Podrá ser Dios en algún momento su mejor amigo? ¿Escucha? ¿Cómo lo sabe? ¿Dejaría de ser su amigo si conociera las peores cosas acerca de usted? Si Dios fuera su mejor amigo, ¿cómo le trataría? ¿Cómo quisiera que usted lo tratara?»

Es duro ser buen amigo de alguien con quien se habla muy poco. Tome un momento para que cada uno escriba una breve nota de agradecimiento a Dios. La nota debe comenzar con: «Mi querido amigo Dios», y entonces déle gracias por las cosas que hace para ser un buen amigo. Si así lo desea, cada uno puede leer su nota.

Otras perspectivas *Comience un diario dirigido a «Mi querido amigo Dios».* Anime a su hijo a comenzar un diario de oración hecho de notas de agradecimiento y cartas escritas a Jesús, su mejor amigo, para familiarizarlo con las cosas que están pasando. El niño no tiene que preocuparse en cuanto a cómo escribe, la limpieza, ni siquiera de las estampillas en un sobre, las notas se envían mediante «fax» directamente a Dios mientras la escribe.

Sea un mejor amigo. Pídale a su hijo que piense en un par de pasos que pueda dar esta semana para ser un mejor amigo de alguien que conozca.

Proverbios amigables. El libro de Proverbios contiene gran consejo acerca de cómo ser un amigo. He aquí algunos proverbios útiles: 17.17, 18.13, 18.24, 20.19, 22.11, 27.6, 27.9,10.

Autorretratos

> *Nadie tiene mayor amor que este, que uno ponga su vida por sus amigos.*
> (Jesús, Juan 15.13)

> *Porque si cayeren, el uno levantará a su compañero; pero ¡ay del solo! que cuando cayere, no habrá segundo que lo levante.* (Eclesiastés 4.10)

8 ◆ Dios es como un capitán de equipo

Elija los bandos

Mas vosotros sois linaje escogido, real sacerdocio, nación santa, pueblo adquirido por Dios, para que anunciéis las virtudes de aquel que os llamó de las tinieblas a su luz admirable. (1 Pedro 2.9)

Muchos hemos tenido esta experiencia en algún momento de nuestras vidas: Cuando se va a elegir los equipos para un juego de alguna clase, los dos capitanes de equipo se paran frente a una multitud de posibles miembros de los equipos. Los capitanes se alternan para escoger personas. Cada uno escoge a sus mejores amigos la primera vez y la próxima vez escogen a sus amistades. Después buscan a los mejores jugadores en el grupo. A cada capitán lo acosan docenas de manos ondulantes y los ruegos de: «¡Escógeme!»

A medida que se reduce el grupo, resulta obvio que los jóvenes elegidos son los afortunados. Ahora los gritos de «¡escógeme!», suenan desesperados.

Sólo quedan unos cuantos jovencitos. Nadie se molesta en rogar, pero por dentro todos oran: «No permitas que sea el último de nuevo». Ahora sólo quedan cuatro, un veinticinco por ciento. Ahora uno en tres. Ahora es cincuenta/cincuenta. Entonces sólo queda usted, sus ruegos no recibieron respuesta.

Ahora los capitanes de los dos equipos comienzan a discutir. Parece que el número de jugadores no es parejo, usted es el que sobra y nadie quiere quedarse con usted. El que pierde la discusión hace un gesto de desagrado y lo llama. ¡Ah, qué gozo!

La Biblia dice que Dios lo elige a usted para estar en su equipo. Así que si ha experimentado algo parecido a lo anterior, podría pensar que Dios *tiene* que elegirlo: «Después de todo, soy Dios. Es de *pensar* que lo elija. Está en mi contrato». O quizás cree que Dios lo elige porque es agradable y *se siente apenado* por usted: «Si no lo elijo, ¿quién lo hará?» Pero así no es el asunto. Dios el Capitán lo elige porque lo *quiere a usted*. Quiere que forme parte de su equipo.

Última oportunidad   Pídale a su niño que recuerde algún momento cuando lo eligieron al final o casi al final. Pídale que describa lo que sintió y por qué fue el último que eligieron. Pregúntele si en alguna ocasión lo eligieron primero o casi al principio y cómo se sintió. Pregúntele a qué se debió esto. Ahora explique que ha sido elegido para un equipo, el equipo de Dios. Pregunte: «¿Por qué crees que Dios te eligió? ¿Qué puedes hacer por Él, ahora que estás en su equipo?»

9 ◆ Dios es como un carpintero

Trabaje con madera

Si Jehová no edificare la casa, en vano trabajan los que la edifican. (Salmo 127.1)

Un carpintero no comienza un proyecto martillando. Es más, esa es una de las últimas cosas que hace. Primero elabora la pieza en su mente; decide cómo se verá, qué materiales y herramientas le harán falta. Si el diseño es complicado, usará papel y lápiz para trazarlo y hacer la lista de materiales. Después reúne las herramientas y los materiales. Al final, está listo para martillar.

Dios hace lo mismo con nuestras vidas. Primero nos diseña. Luego, reúne las herramientas y los materiales que necesitará. Después se pone a trabajar.

En el momento que Dios le muestra su proyecto a otra persona (por lo general en nuestros cumpleaños), ya la construcción va bastante adelantada. Pero hay bastante trabajo por hacer: andar, hablar, aprender, crecer. Para hacer bien el trabajo utiliza herramientas inapreciables con nombres como *padre*, *maestro* y *amigo*.

Comienza el proyecto antes de que usted nazca y labora en él a través de toda su vida. Es un perfeccionista y por eso necesita tanto tiempo en hacerlo correctamente a usted.

Trabajo en madera Construya algo con su niño: un estante, una casa para pájaros, una casa para el perro, cualquier objeto que pueda hacer con pocas herramientas. Puede obtener ideas para proyectos sencillos de carpintería en un libro de la biblioteca. Diseñen el proyecto juntos. Haga una lista de herramientas y materiales, y vayan juntos a la ferretería.

Al finalizar el proyecto, háblele de ello: ¿Resultó la obra terminada como esperaba? ¿Cuál fue la parte más difícil del trabajo? Si construyera otro, ¿qué cambiaría?

Ahora hable acerca de Dios el carpintero. Pregúntele a su niño: «¿Qué herramientas utiliza Dios para moldearte y construirte? Cuando Dios comenzó a construirte, ¿trabajó en base a un plan? ¿Ha terminado contigo? Si pudieras ver el diseño que tiene para ti, ¿qué crees que quiere que tú seas en dos años? ¿Qué parte crees que es más difícil del trabajo para Él?»

Dios nos ha hecho a cada uno de forma singular y aún trabaja con nosotros. Discuta qué podría hacer Dios ahora mismo en la vida de su niño. Pregunte: «¿Hay algo que puedas hacer para facilitarle la obra a Dios?»

Otras perspectivas   *Jesús el carpintero*. Mire a un carpintero trabajar. Quizás sus manos sean duras y encallecidas; a lo mejor sus brazos sean musculosos y quemados por el sol. Contraste esta descripción de Jesús como carpintero con los cuadros que se ven en la Escuela Dominical. Pregunte: «¿Se golpeó Jesús el pulgar con un martillo? ¿Sudó? ¿Se cansó? ¿Se sintió orgulloso de algo que hizo?»

Autorretratos

> *Porque tú formaste mis entrañas;*
> *Tú me hiciste en el vientre de mi madre.*
> *Te alabaré; porque formidables, maravillosas son tus obras;*
> *Estoy maravillado,*
> *Y mi alma lo sabe muy bien.*
> *No fue encubierto de ti mi cuerpo,*
> *Bien que en oculto fui formado,*
> *Y entretejido en lo más profundo de la tierra.*
> *Mi embrión vieron tus ojos,*
> *Y en tu libro estaban escritas todas aquellas cosas*

Que fueron luego formadas,
    Sin faltar una de ellas.
(Salmo 139.13-16)

Estando persuadido de esto,
que el que comenzó en vosotros la buena obra,
la perfeccionará hasta el día de Jesucristo.
(Filipenses 1.6)

10 ◆ Dios es como un comediante

Dirija una comedia

Entonces nuestra boca se llenará de risa, y nuestra lengua de alabanza.
(Salmo 126.2)

En la iglesia no aprendemos mucho acerca del sentido del humor de Dios; tenemos que advertirlo mediante nuestras observaciones. Imagínese por un momento estos fenómenos naturales y vamos a ver si no llega a la misma conclusión: los monos en los árboles, ardillas de la pradera tomando el sol, un pato acuatizando sobre un lago, un perro tras su cola, una nutria haciendo *cualquier cosa.*

Si los payasos del reino animal no le convencen, observe a los niños haciendo lo que les resulta natural, como bostezar en alta voz durante un discurso aburrido. O eructar en la iglesia. O un bebé con remolachas coladas manando de su boca, algo que definitivamente no se le enseñó. Los niños pequeños saben cuándo reírse, aun antes de tener la oportunidad de que se les enseñe lo que significa «diversión».

Nuestro mundo está lleno de toda clase de cosas graciosas con las cuales los humanos no tienen nada que ver. Así que, si no hicimos esta comedia, ¿quién lo hizo?

Una comedia Ayude a sus niños a organizar una comedia donde ellos sean los protagonistas. Pueden hacer sátiras breves, chistes y hasta mostrar un video que ellos hayan producido.

Pueden invitar a sus amistades para que sean parte del programa o para que sirvan de audiencia.

Al finalizar la comedia, hablen acerca de la risa. Cuenten acerca de algún momento donde comenzaron a reírse, pero que era de esperar que estuvieran serios. Pregunte: «¿Por qué a veces nos reímos más cuando no se supone que lo hagamos? ¿Por qué Dios nos dio la risa? ¿De dónde procede nuestro sentido del humor? ¿Pensamos que a Dios le agrada vernos reír? ¿Se ríe Dios?»

Otras perspectivas *La diversión buena y la mala.* Algunas veces nos reímos a costa de otra persona. Hable acerca de la diferencia entre la diversión que edifica a las personas y la que las rebaja. Pídale a su niño que ofrezca ejemplos de ambas.

Bromas familiares.   Sorprenda de forma divertida y bromee con sus hijos. Ofrezca una fiesta de cumpleaños cuando *no* es su cumpleaños. Comience una pelea con crema de afeitar cuando laven el auto juntos. Entierre un tesoro en el patio y déle a su niño un mapa de piratas para que lo encuentre.

11 ◆ Dios es como un compañero de cuarto

Pasee por la casa

Para que os dé, conforme a las riquezas de su gloria, el ser fortalecidos con poder en el hombre interior por su Espíritu; para que habite Cristo por la fe en vuestros corazones.
(Efesios 3.16,17)

Cuando invita a Cristo a ser parte de su vida, Él viene a vivir a su «corazón». Una brillante ilustración de esta idea la escribió Robert Munger en un folleto titulado *My Heart, Christ's Home* [Mi corazón, el hogar de Cristo] (Inter-Varsity Press, 1954), este es el relato de un hombre que invitó a Cristo a vivir en su corazón.

Cuando Cristo se muda al corazón de un hombre, los dos hacen una gira: inspeccionan la biblioteca (mente), el comedor (apetitos y deseos), el taller (trabajo), así como otros cuartos importantes en su vida. El hombre pronto descubre que su nuevo compañero de cuarto tiene ideas propias acerca de cómo se deben utilizar estos cuartos. Con el permiso del hombre, Cristo transforma el corazón del hombre, cuarto por cuarto, en un hogar hermoso y cálido.

Pasear en casa Invite a su niña a dar un paseo por la casa. Entren a cada habitación y compárenla con la vida, tal y como sugiere Robert Munger en su folleto. Quizás tenga que improvisar, por ejemplo, un escritorio podría servir de biblioteca. A medida que recorran la casa, siéntase libre de crear su propia historia. Asegúrese de que los mensajes sean comprensibles y de cómo estos se aplican a la vida de la niña. Pregúntele acerca de los cuartos de su corazón: ¿Qué diría Jesús si entrara en *su* comedor, en *su* biblioteca?

12 ♦ Dios es como un consejero

Realice una reunión de consejería

También esto salió de Jehová de los ejércitos, para hacer maravilloso el consejo y engrandecer la sabiduría. (Isaías 28.29)

Muchas personas se autodenominan consejeros: familiares y matrimoniales, legales, espirituales, de campamentos, de profesión, orientadores. Aunque estas profesiones representan una amplia gama de disciplinas, los consejeros tienen varias cosas en común. Un buen consejero en cualquier profesión es sabio, respetado y sabe cómo escuchar y razonar.

Cuando el profeta Isaías predijo la Segunda Venida de Jesús, dijo que las personas lo llamarían Admirable Consejero. Por buenas razones: Jesús es más sabio que cualquiera en el planeta, su excursión aquí abajo se ganó nuestro respeto, y es muy talentoso para escuchar y razonar con nosotros. Admirable Consejero.

Este es un mundo loco y complicado. Sin consejo sabio, no hay forma de ver a través de la confusión y tomar las decisiones sabias. Dios Consejero está listo para escuchar, ansioso por ayudar.

Una sesión de consejería Que su niño simule ser su consejero. Dígale que necesita su consejo acerca de un conflicto verdadero que tiene con un amigo o compañero de trabajo. Explíquele la situación, asegurándose de describir sus *senti-*

mientos. Por ejemplo, él no podría saber lo que significa que lo pasen por alto para un ascenso, pero sabe lo que es sentirse rechazado.

Cuando explique la situación, pregúntele específicamente acerca de lo que piensa que usted deba hacer. Escuche de forma cuidadosa sus respuestas y responda con más preguntas si no le aclara o no parece comprender. El asunto es hacer que se percate de la crítica responsabilidad que tiene el consejero. Usted cuenta con él para que sea un oyente amistoso, para ayudarle a ver el problema con más claridad y para ofrecerle sabio consejo en cuanto a qué hacer.

Al finalizar la sesión de consejería, agradézcale su ayuda. Luego hable acerca del trabajo de consejería. Pregunte: «¿Alguna vez le has pedido a un amigo consejo y en lugar de escuchar comenzó a gritarte qué hacer sin siquiera escuchar cuál era tu problema? ¿Se te ha ocurrido la solución a algún problema mientras le explicabas el problema a otro? ¿Qué hace un buen consejero?»

Ahora hable acerca de Dios Consejero: «¿Se ajusta Dios a la descripción de un buen consejero? ¿Por qué las personas no acuden más a menudo a Él con sus decisiones y problemas? Cuando le has explicado un problema a Dios, ¿cómo sabes qué consejo te está dando? ¿Hay algo de lo cual quisieras hablar ahora con Él?»

De paso, asegúrese de seguir analizando la consejería al contarle a su niño lo que hizo realmente en cuanto al conflicto discutido. Agradézcale su ayuda en aclarar su forma de pensar. Y si siguió su consejo, dígaselo.

Otras perspectivas *Repita la sesión*. No es mala idea acudir en ciertas ocasiones a sus niños para obtener consejo. Para ellos es importante saber que usted valora y confía en sus opiniones. Y podría sorprenderse de cuán bien pueden resolver un problema confuso.

Pula el espejo. Los niños aprenden de sus padres a escuchar y preguntar. Así que si a su niño le son difíciles estas habilidades, quizás usted tenga que laborar por su cuenta. Siéntese todos los días unos minutos con su niño. Escuche cuidadosa y seriamente la pregunta.

Autorretratos

> *Con Dios está la sabiduría y el poder;*
> *Suyo es el consejo y la inteligencia.*
> (Job 12.13)

13 ♦ Dios es como un cordero

Sacrifique algo

He aquí el Cordero de Dios, que quita el pecado del mundo. (Juan 1.29)

Dios le dijo a los judíos que tomaran animales de gran valor y los mataran para «pagar» por sus pecados. Esto les recordaba que el pecado era «costoso»: hería profundamente a Dios y obstaculizaba el camino para que Israel fuera una grande y poderosa nación. El sacrificio animal también les mostraba cuán sucio y derrochador era el pecado, porque el sacrificio requería desperdiciar una vida hermosa e inocente para cubrir el egoísmo del culpable.

Dios fue muy específico en cuanto a las clases de animales que deseaba en pago. No permitía que ofrecieran sus «desechos», animales viejos o lisiados que tenían poco valor, Él era el Dios Todopoderoso, no un mendigo de la calle. Uno de los sacrificios más costosos que tenían que hacer era un cordero de un año que no tuviera marcas ni defectos. Esto implicaba que tenían que atender cuidadosamente los mejores corderos y, cuando estos corderos perfectos tenían suficiente edad para ganarse su cuidado en carne, lana o reproduciéndose, había que dárselos a Dios. Hacerlo era un verdadero sacrificio.

Asimismo, Jesús era un cordero para el sacrificio: una vida hermosa e inocente tomada para pagar por nuestro egoísmo. Era un sacrificio tan costoso, que sólo Dios podía pagar el precio (de ahí viene el Cordero de *Dios*) y este lo mató. Fue un sacrificio tan perfecto que cubrió el pago de todos los pecados que se iban a cometer a través del tiempo. Lo cual es una buena noticia para los corderos de un año y *grandes* noticias para los humanos de todas las edades.

Sacrificio   Ayude a su niño a comprender la naturaleza del sacrificio de Dios animándolo a que se sacrifique. Dígale que usted quisiera amontonar varias cosas para donarlas a una organización como el Ejército de Salvación, ayudándolo primeramente a sacar cosas de su cuarto y luego ayudándolo a usted a sacar cosas del suyo. Vayan juntos al armario, los gabinetes y las gavetas, y saquen toda la ropa, los juguetes y los juegos que ya no necesita.

Cuando haya terminado de amontonar todas estas donaciones, diga algo así: «Es bueno que estés dispuesto a hacer esta donación, porque ayudará a familias que no pueden comprar juguetes ni ropa nueva y esto realmente los ayudará. Pero también te está favoreciendo a *ti* porque ya no usas esas cosas; sólo estaban ocupando espacio. Un verdadero sacrificio es doloroso porque implica dar algo de gran valor para ti. Me gustaría hacer esa clase de sacrificio. Te ayudaré a hacerlo y entonces podremos hacer lo mismo con mis cosas. ¿Crees que puedes hacerlo?»

Ayúdelo a poner una de sus posesiones favoritas en el montón de donaciones. Es importante que no lo obligue a hacerlo, no haga que se amargue por el asunto de dar. Si se niega firmemente a hacerlo, vayan a su cuarto. Si elige algo para darlo, pregúntele qué le gusta acerca del artículo y por qué le es tan difícil separarse del mismo. Agradézcale por hacerlo, después vayan a su cuarto y comiencen una vez más.

Al finalizar con sus donaciones y el regalo que es un sacrificio, empáquelo todo y llévelo al lugar para donaciones. De regreso, deténganse para comer helado y hablen acerca de Jesús el Cordero y su ofrenda de la cosa más preciosa que tenía: ¿Por qué murió Jesús?

14 ♦ Dios es como un escudo

Dramatice una batalla con periódicos

Jehová es mi fortaleza y mi escudo; en Él confió mi corazón, y fui ayudado.
(Salmo 28.7)

Un escudo es como una fortaleza portátil detrás de la cual puede esconderse para protegerse durante una batalla. Debido a que es portátil, puede utilizarlo cuando está a la ofensiva; una fortaleza es estrictamente para la defensa. Un escudo le ofrece al guerrero más confianza porque puede atacar con menos temor a ser herido. No convierta a la batalla en cosa segura: una flecha perdida puede flecharlo por el costado y un golpe fuerte de una espada o un hacha puede quebrantar el brazo que sostiene el escudo. Aun así, hace que la batalla sea un tanto menos peligrosa.

Dios es como un escudo. Él va con nosotros en la vida, ayudándonos a protegernos de un ataque.

Batalla de papel Para demostrar el poder de un escudo, represente en la casa una batalla con periódicos. Usted y su niño pueden construir escudos de cartón grueso. Pueden hacer las agarraderas con agujeros en lugares adecuados y pasando pequeños trozos de cuerda a través de la parte trasera. Decoren los escudos con pintura o lápices de colores. Si no desea hacer sus escudos, pueden utilizar las tapas del cubo de la basura.

Una vez que tengan sus escudos, tendrán que hacer las armas. Cada bando obtiene varios periódicos. Hagan granadas con varias hojas de papel periódico. Ahora señalen alguna clase de línea por el centro del cuarto, párense en sus respectivos lugares y comiencen a disparar tirándose pequeñas pelotas de papel.

Jueguen dos asaltos de dos minutos cada uno. Luchen el primer asalto sin sus escudos, el segundo con ellos. Para llevar la anotación, cuente la cantidad de veces que pueda golpear el cuerpo de su oponente, o simplemente vea quién tiene la menor cantidad de papel en su lado del cuarto al final del asalto.

Cuando se cansen, hagan una tregua, recojan los papeles y luego lávense la tinta de los periódicos de las manos. Hablen acerca de los escudos. ¿Fueron útiles? ¿Cuántas veces le pegaron cuando no tenían el escudo? ¿Con él? Ahora hablen acerca de Dios: ¿En qué se parece a un escudo?

Autorretratos

> *Mi escudo está en Dios,*
>   *Que salva a los rectos de corazón.*
> (Salmo 7.10)

15 ♦ Dios es como una espada

Estudie sobre espadas

Si afilare mi reluciente espada, y echare mano del juicio, yo tomaré venganza de mis enemigos, y daré la retribución a los que me aborrecen. (Deuteronomio 32.41)

Seamos sinceros: nuestro Dios es mortífero. No es algo de lo cual nos guste hablar; es mucho mejor creer que Dios es un papá bondadoso y perdonador. Pero es un Dios grande, con un carácter múltiple. A veces nos revela el lado que blande una espada.

Las buenas noticias son que, debido a que Dios es como una espada vengadora, nosotros no tenemos que serlo. Los humanos no somos lo suficientemente fuertes como para vengarnos de nuestros enemigos sin que lleguemos a ser como ellos. Dios blande la espada de la venganza porque conoce que no podemos alzarla sin que nos cortemos nosotros mismos.

Estudio de las espadas Hasta este siglo, las espaldas eran equipo común para todos los soldados. Usted ve a soldados con ellas cuando usan su uniforme de gala. Saque de la biblioteca un libro acerca de espadas o visite una exhibición de armas en un museo. Discuta con su niño las distintas clases de espadas: de un sólo filo, floretes, de doble filo, lancetas, sables, cimitarras, quién las usaba y cómo luchaban con ellas. Después hablen acerca de Dios la Espada.

Autorretratos

Mía es la venganza y la retribución;
a su tiempo su pie resbalará,
porque el día de su aflicción está cercano,
y lo que les está preparado se apresura.
(Deuteronomio 32.35)

Y tomad el yelmo de la salvación,
y la espada del Espíritu, que es la palabra de Dios.
(Efesios 6.17)

Porque la palabra de Dios es viva y eficaz,
y más cortante que toda espada de dos filos;
y penetra hasta partir el alma y el espíritu,
las coyunturas y los tuétanos,
y discierne los pensamientos
y las intenciones del corazón.
(Hebreos 4.12)

Pues conocemos al que dijo: Mía es la venganza,
yo daré el pago, dice el Señor.
Y otra vez: El Señor juzgará a su pueblo.
¡Horrenda cosa es caer en manos del Dios vivo!
(Hebreos 10.30,31)

16 ◆ Dios es como un fuego

Queme algo

Porque nuestro Dios es fuego consumidor.
(Hebreos 12.29)

Cuando niño aprendí mucho acerca de la vida sentándome cerca de una fogata en el campamento de verano. Mis amistades y yo discutíamos, criticábamos y bromeábamos todo el día, pero tan pronto como nos sentábamos alrededor de la fogata, nuestra conversación cambiaba. Lo que decíamos alrededor del fuego era profundo, profundamente cómico, profundamente serio, profundamente conmovedor, y ahora enraizado en mi memoria. Era como si el fuego nos alcanzara por dentro y sacara pensamientos y sentimientos que ni siquiera sabíamos que teníamos.

Dios era un tema frecuente alrededor de esos fuegos. Quizás el misterio del fuego nos hacía contemplar el misterio de Dios. O quizás era el calor del fuego lo que motivaba nuestras conversaciones. Unos tres metros más allá del fuego, el aire estaba tan congelado como si no hubiera fuego. Casi a un metro de cercanía uno estaba cómodo y caliente. Si uno se movía un poco más cerca se le quemaban los vellos de los brazos.

Dios es como el fuego. Da calor y alumbra los lugares oscuros de nuestras vidas. Derrite nuestros corazones hasta que comenzamos a sentir cosas por dentro que desconocíamos. Si nos apartamos de Dios, nos sentimos fríos y solitarios. Acérquese y se alegrará al ser contado entre los amigos de Dios en lugar de sus enemigos.

Haga una fogata No tiene que ir a un campamento de verano para tener una fogata. Busque un parque o una playa en donde se permitan fogatas. Traiga leña, leña inflamable, papel, fósforos y algunos malvaviscos o *marshmallows*.

Luego de dorar los malvaviscos, pregúntele a su niño: «¿Por qué a la gente le gusta sentarse alrededor de una fogata? ¿Cómo sería la vida sin el fuego? ¿Qué sucede si no se tiene cuidado con el fuego? ¿Qué sucede cuando uno se aparta mucho?»

Ahora oriente la conversación hacia Dios. Explique que la Biblia dice que Dios es como un fuego. Pregunte: «¿Crees que eso es cierto? ¿De qué maneras? Si Dios es como un fuego, ¿cómo podemos mantenernos en calor? ¿Quema Dios en algún momento a las personas? ¿Cómo? ¿Qué puedes hacer para no quemarte? ¿Qué sucede cuando te apartas demasiado de Dios? ¿Cómo puedes prevenir que suceda eso?»

Otras perspectivas *Una fogata casera.* Si no es posible hacer una fogata al aire libre, puede utilizar una chimenea. Haga que la ocasión sea especial permitiéndole a su niño que se quede despierto después de su hora de dormir para que disfrute junto a usted del fuego.

17 ♦ Dios es como un fuerte

Haga una excursión a un fuerte

Jehová será refugio del pobre, refugio para el tiempo de angustia. (Salmo 9.9)

Todos los niños construyen fuertes, aunque no todos lo denominan así. Algunas veces el «fuerte» se llama nave espacial, barco pirata, casa en el árbol, escondite o casa de juego.

Mi sobrino Brice construye fuertes con el sofá: organiza con cuidado cojines y sábanas para construir una fortaleza en la sala. También las construye de cajas de cartón y cualquier otra cosa que pueda encontrar al lado de la casa. Construye sus fuertes para protegerse de toda clase de peligros, incluyendo la siesta y un perro excesivamente generoso que trata de lamer su rostro hasta gastarlo. Pronto se graduará con un fuerte hecho de madera y trozos de alfombra, pillado en un árbol o en una canal cerca de su casa. Estoy seguro que dibujará una calavera con huesos en la puerta.

Cuando esa ya no le guste, convertirá su cuarto en un fuerte. Será lujoso en lo que a fuertes se refiere, completo con sistema estereofónico, quizás un teléfono y montones de juegos por todas partes, equipos deportivos y ropas. La señal en la puerta dirá: «¡Los intrusos serán devorados!» Después de eso, obtendrá un fuerte *móvil*, un auto. Esta vez la señal estará en una placa: «Si no le gusta como manejo, quítese de la acera».

¿Por qué todos estos fuertes? ¿Por qué tenemos esta necesidad de establecer lugares para escondernos que podamos denominar como nuestros? Pareciera que sabemos por instinto que el mundo puede ser un lugar peligroso. Creo que edificamos fortalezas donde podemos sentirnos seguros de las cosas espantosas de la vida.

Dios es como un fuerte. Podemos correr hasta Él cuando los problemas y temores del mundo nos abruman. Podemos escapar hasta el fuerte de la presencia de Dios.

Excursión al fuerte   Pídale a su niño hacer una excursión por su escondite secreto. Si no tiene uno en ese momento, construyan un fuerte juntos. Siéntense juntos en el fuerte y hablen acerca de lo que hace tan especial a los fuertes. Pregunte: «¿Por qué a los niños les gusta construir fuertes? ¿En qué piensas cuando estás sentado en el tuyo?»

Hablen acerca de cómo las personas a través de la historia utilizaron fortalezas para protegerse de enemigos. Cuando un ejército enemigo barría una aldea, las personas huían a la fortaleza para salvar sus vidas. Se bloqueaban las entradas y se cerraban las puertas, y las personas estaban seguras de sus enemigos.

Ahora explique cómo Dios es semejante a un fuerte. Cuando estés asustado y el enemigo te persiga, tú puedes llevarle tu corazón y Él lo guarda. Termine la discusión asegurándole a su niño que Dios promete ser el fuerte para su corazón. Cuando sienta dolor o temor por cualquier cosa, puede correr a Dios, pedir ayuda y Él abrirá las puertas de la fortaleza y esconderá su corazón adentro.

Otras perspectivas   *Fuertes en el cuarto.* Para muchos niños, especialmente los mayores, su cuarto es su refugio. Pregunte a ver si puede visitarlo. Que su niño explique lo que tiene en las paredes y los estantes, y por qué. Pregunte acerca de lo que más le agrada y desagrada de su cuarto.

Autorretratos

Tú eres mi refugio;
   me guardarás de la angustia;
Con cánticos de liberación me rodearás.
(Salmo 32.7)

Pero yo cantaré de tu poder,
   Y alabaré de mañana tu misericordia;
Porque has sido mi amparo
   Y refugio en el día de mi angustia.
(Salmo 59.16)

Diré yo a Jehová: Esperanza mía, y castillo mío.
(Salmo 91.2)

18 ♦ Dios es como un fundamento

Construya una pared

Por tanto, Jehová el Señor dice así: He aquí que yo he puesto en Sion por fundamento una piedra, piedra probada, angular, preciosa, de cimiento estable; el que creyere, no se apresure. (Isaías 28.16)

Como con la mayoría de las cosas en la vida, si el comienzo se le hizo difícil, luego puede regresar a arreglar el problema. Si no le gusta la introducción de una historia que está escribiendo, puede terminarla y después regresar y volverla a escribir. Si obtiene una calificación mala en la primera prueba de una asignatura, todavía puede sacar una alta calificación si hace bien las otras pruebas.

Pero cuando el asunto es construir una pared de piedra, si no coloca esa primera piedra de forma correcta, todo lo que vaya encima siempre estará virado o inestable no importa cómo trate de compensar por ello. La única opción es derrumbar la pared y comenzar de nuevo.

Dios desea que construyamos nuestras vidas sobre un fundamento firme y estable.

Construya una pared Construya una pared con su niño utilizando bloques, ladrillos, cajas, libros, cualquier cosa que pueda poner una encima de otra. Comience la actividad construyendo la pared sobre algo inestable, terreno desnivelado, periódicos arrugados, almohadas desiguales. La pared irá bien durante el primer o el segundo nivel, pero luego resulta obvio que la estructura está virada y empeora según avanza.

Derrumbe esta pared y comience de nuevo. Esta vez construya sobre terreno liso y sólido. Compare la estabilidad de las dos paredes. Ahora hable con su niño acerca de la importancia de un fundamento sólido. Explique que el mundo es un lugar grande y salvaje, con muchas personas ofreciendo respuestas a todo aquel que escuche. Dios dice que necesitamos creer algo sólido y verdadero, o nos derrumbaremos cuando lleguen los momentos difíciles. Hable acerca del fundamento que Dios tiene en mente para nuestras vidas.

Autorretratos

> *Edificados sobre el fundamento*
> *de los apóstoles y profetas, siendo la principal piedra*
> *del ángulo Jesucristo mismo.*   (Efesios 2.20)

> *Por lo cual también contiene la Escritura:*
> *He aquí, pongo en Sion la principal piedra del ángulo,*
> *escogida, preciosa;*
> *Y el que creyere en Él, no será avergonzado.*
> (1 Pedro 2.6)

19 ◆ Dios es como una gallina

Acaricie una gallina (trate)

¡Cuántas veces quise juntar a tus hijos, como la gallina a sus polluelos debajo de sus alas, y no quisiste! (Jesús, Lucas 13.34)

Espere un momento: ¿Dios es como una *gallina*?

Pero, ¿acaso las gallinas no son hembras? ¿Acaso no son el principal ingrediente de los *McNuggets*,* y acaso «¡gallina!» no es una expresión para describir a un cobarde? ¿Acaso las gallinas no son el objeto de bromas referentes al cruce de un camino? Todo esto es cierto, pero esa no es la historia completa.

Tan pronto como uno amenaza los polluelos de una gallina, este humilde pájaro con la cabeza bamboleante y un caminar ridículo se transforma en una tormenta de alas y plumas, un pico remachador, garras que rasguñan y graznidos que destrozan el oído. Si ella logra detener su invasión, reúne a todos sus polluelos a su alrededor y abre sus alas para protección. El mensaje es claro: si quiere uno de los polluelos, tendrá que pasar a través de ella para conseguirlo. Y esa es una buena representación de cómo Dios nos protege.

Trate de acariciar a una gallina Visite un zoológico que permita que se acaricie a los animales o una granja con

---

* Trozos de pollo rebozados y fritos.

gallinas que andan libres. Junto con su niño, observe cómo una gallina se ocupa de sus polluelos. Acérquese cuidadosamente a uno de sus polluelos para ver la reacción de la gallina. Ella no se preocupa por usted como lo haría por un gato o un perro, así que quizás no volará enojada como lo haría con un animal de rapiña más común. Si no hay gallinas con polluelos, observe cualquier madre animal con sus crías.

Hablen acerca de lo que ven. Pregúntele a su niño: «¿Se sienten más seguros los polluelos al saber que su madre los vigila? ¿Crees que se cansan en algún momento de que ella los sobreproteja? ¿Cómo se puede enojar tanto con nosotros por tratar de agarrar una de sus crías, y ser sin embargo tan amorosa con sus polluelos?»

Hablen acerca de Dios la Gallina. Pídale a su niño que compare a la gallina con Dios: «¿En qué se parecen Dios y la gallina? ¿Se enoja Dios con lo que tratan de hacernos daño? ¿Cómo nos cubre Dios con sus alas? ¿Has sentido eso alguna vez? ¿Cómo te sentiste?»

Otras perspectivas *Busque sombra.* Realice un paseo en un día caluroso. Cuando el calor sea incómodo, siéntese bajo la sombra de un árbol. Hable acerca de la importancia de la sombra. Pregunte: «¿De qué nos protege la sombra (de las quemaduras de sol, la deshidratación, el calor, la fatiga, ojos enemigos)?» Entonces hable acerca de la sombra de las alas de Dios. Pregunte: «¿Cómo nos protege Dios del peligro?»

Autorretratos

¡Cuán preciosa, oh Dios, es tu misericordia!
Por eso los hijos de los hombres se amparan bajo la sombra
de tus alas. (Salmo 36.7)

Ten misericordia de mí, oh Dios, ten misericordia de mí;
Porque en ti ha confiado mi alma,
Y en la sombra de tus alas me ampararé

Hasta que pasen los quebrantos.
(Salmo 57.1)

Con sus plumas te cubrirá,
* Y debajo de sus alas estarás seguro;*
Escudo y adarga es su verdad.
(Salmo 91.4)

20 ◆ Dios es como un genio

Haga un concurso de trivialidades

Porque entre todos los sabios de las naciones y en todos sus reinos, no hay semejante a ti.
(Jeremías 10.7)

Dios lo conoce todo, incluyendo las respuestas a preguntas tan antiguas como:

- ¿Cuántos ángeles pueden bailar en la punta de un alfiler?
- ¿Puede Dios hacer una roca tan pesada que ni siquiera Él pueda levantarla?
- ¿Cuán alto es arriba?

Y sabe otras cuantas cosas, como la cantidad de cabellos en su cabeza. Los nombres y las direcciones de todas las personas a las cuales usted se le atravesó en la autopista. Conoce la cantidad de calorías de un chocolate del tamaño del Kilimanjaro. Conoce las fechas de nacimiento de todas las mascotas de su familia a través de las edades comenzando desde el día en que su tío lejano Trucutú descubrió tigres dientes de sable prehistóricos en el fondo de su cueva.

Dios conoce todos sus problemas, incluyendo los que no admite (y un montón más que ni siquiera sabe que tiene). Dios el Genio que conoce acerca de sus mayores sueños, sus peores temores. Es el único que sabe que todavía busca debajo de la cama al cuco. Conoce la mejor respuesta para sus dilemas más difíciles.

¿Qué es más sorprendente que la cantidad de conocimiento que tiene Dios? Cuán poco le pedimos respuestas. Mírelo de esta forma. Aquí tenemos a alguien que lo sabe *todo* y la mayoría de nosotros no nos molestamos en pedirle consejo. Pero se ha sabido que da su conocimiento a los que realmente lo desean.

La prueba de los bombones   Realice un juego con su niño usando preguntas de un libro de trivialidades o tarjetas de un juego sencillo. Ponga un envase con bombones en la mesa. Tome uno por cada pregunta sencilla que responda de forma correcta; las fáciles valen dos dulces y las más difíciles tres. Alterne el proceso de preguntar y responder; juegue hasta que se acaben los bombones.

Después del juego, hable acerca de cuán inteligente es Dios. No hay pregunta en el mundo que Él no pueda contestar. Pregunte: «¿Cuáles son algunas de las cosas que le resultaría imposible conocer a los humanos (la cantidad de granos de arena en la playa, la cantidad de estrellas en el cielo, por qué Dios permite que se muera la gente buena, cómo es el cielo)? Si Dios es un genio, ¿por qué no nos da todo su conocimiento? ¿Nos da *parte* del mismo? ¿Cómo?»

21 ◆ Dios es como un guía

Emprenda una caminata de fe

Y guiaré a los ciegos por camino que no sabían, les haré andar por sendas que no habían conocido; delante de ellos cambiaré las tinieblas en luz, y lo escabroso en llanura. Estas cosas les haré, y no los desampararé.
(Isaías 42.16)

La vida es como una jungla. Está llena de hermosas vistas, excitantes aventuras y nativos que son maravillosamente amistosos. Pero también es peligrosa, animales salvajes, situaciones mortales y unos cuantos nativos desagradables. Si desea experimentar lo mejor que tiene que ofrecer la vida, necesita a alguien que conozca el territorio, alguien que le lleve a las mejores partes de la jungla mientras lo guía de forma segura a través de los peligros. Usted necesita un guía.

Jesús es como un guía. Él conoce su camino a través de la jungla de la vida mejor que cualquiera. Desea mostrarle sus paisajes preferidos, lugares que jamás podría hallar por sí solo. Alcanzar esos lugares implica pasar a través de algunas partes difíciles de la jungla, pero es un guía excelente y los que se mantienen cerca de Él sobrepasan los peligros.

Una caminata de fe Dirija a su niña en una caminata segura. Usted lo hace poniéndole una venda para luego guiarla con el brazo. Debido a que no puede ver, tiene que confiar en su guía para no caer ni tropezar con cosas. Después de varios minutos, cambien lugares y permita que ella la guíe a usted.

Luego, hable acerca de la experiencia: Pregunte: «¿Cómo te sentiste? ¿Te asustaste? ¿Se te hizo más fácil seguirme a medida que pasó el tiempo?» Entonces hable acerca de Jesús: «¿Cómo es que Jesús actúa como guía? ¿Por qué puedes confiar en Él? ¿Por qué has de seguirlo como tu guía? Si sigues a Jesús el Guía, ¿enfrentarás problemas? ¿Cómo puedes aprender a confiar más en Él como guía?»

Autorretratos

> *Porque este Dios es Dios nuestro eternamente*
> > *y para siempre;*
> *Él nos guiará aun más allá de la muerte.*
> (Salmo 48.14)

> *Por el camino de la sabiduría te he encaminado,*
> > *Y por veredas derechas te he hecho andar.*
> *Cuando anduvieres, no se estrecharán tus pasos,*
> > *Y si corrieres, no tropezarás.*
> (Proverbios 4.11,12)

22 ♦ Dios es como un heredero

Haga un testamento

En estos postreros días nos ha hablado por el Hijo, a quien constituyó heredero de todo, y por quien asimismo hizo el universo.
(Hebreos 1.2)

En cierto sentido, entregarle su vida a Jesús es como incluirlo en su testamento. Cuando usted muera, otros podrán quedarse con sus *cosas*: casa, auto, podadora, discos con música de los Beatles, pero Él se queda con *usted*. ¡Y Él está excitado! Al fin le llevará a casa para estar siempre con Él. Dios no *tiene* que reclamar su herencia: *decide* aceptarle.

Pablo lo expresa de esta manera en Efesios 1.18: «Alumbrando los ojos de vuestro entendimiento, para que sepáis cuál es la esperanza a que Él os ha llamado, y *cuáles las riquezas de la gloria de su herencia* en los santos» (cursivas mías). Dios lo hereda a *usted*, y lo considera *rico y glorioso*.

Haga un testamento Ayude a su niño a escribir un testamento. No tiene que ser oficial, sólo una lista de las posesiones y a quién el niño quiere que se le otorguen. Que el último beneficiario sea Dios y el legado es la vida eterna del niño. Explique: «Cuando te conviertes en seguidor de Jesús, te entregas a Él. Cuando mueras, Él se queda con lo que resta: tu alma».

Pregunte: «¿Por qué Dios desea heredarnos?»

Autorretratos

> *Y Jehová poseerá a Judá su heredad en la tierra santa,*
> *y escogerá aún a Jerusalén.* (Zacarías 2.12)

> *Hecho tanto superior a los ángeles,*
> *cuanto heredó más excelente nombre*
> *que ellos.* (Hebreos 1.4)

23 ♦ Dios es como un hermano mayor

Hable a lo grande

Porque todo aquel que hace la voluntad de Dios, ése es mi hermano, y mi hermana, y mi madre. (Jesús, Marcos 3.35)

Los hermanos mayores no siempre son cariñosos. Algunas veces pueden ser sumamente crueles. Como cuando su hermano mayor comienza un club con sus amigos y usted desea unirse, y crea un reglamento donde no se le permite ingresar a los niños de su edad. Usted le ruega que haga una excepción, él lo discute con sus amigos y le dice que *hay* una forma en la que puede ingresar al club, pero tiene que: (a) derramar leche sobre su cabello, (b) untarse talco en el rostro, y (c) gatear al revés alrededor de la cuadra. Así que derrama, unta y gatea, y luego grita: «¡Qué bueno, estoy en el cluuub!» A lo cual contestan al unísono su hermano y sus amistades: «¡Renuncio!», y salen a comenzar un club nuevo donde no se permiten niños de su edad.

Pero este es un caso extremo. Por lo general, los hermanos mayores no son *tan* malos.

Aunque a veces pueden explotar la ventaja de su edad, realmente obtienen sus galones cuando nos amenazan. Mi hermano mayor jamás tuvo que luchar a mi favor contra ningún rufián. Pero sabía que podía contar con él, tres grados delante de mí y mucho más sabio y fuerte, listo para ponerse de mi parte si me metía en problemas. Esa certeza facilitó mi crecimiento.

Jesús es así. Él no lucha las batallas por nosotros, la vida tiene su suerte de rodillas peladas y narices ensangrentadas. Pero hay un verdadero consuelo en saber que está allí, listo a involucrarse si las cosas se ponen pesadas. Ay de aquel que encuentre metiéndose con *su* hermanito.

Hablar a lo grande   Hable con su hijo acerca de lo que significa ser un hermano mayor. Si su hijo es menor, pregúntele: «¿Qué es lo mejor que ha hecho tu hermano mayor por ti? ¿Por qué lo hizo? ¿Cómo te sentiste? ¿Te ha defendido en alguna ocasión? ¿Por qué?»

Si su hijo *es* un hermano mayor, pregúntele: «¿Puedes recordar lo mejor que hayas hecho por tu hermanito? ¿Por qué lo hiciste? ¿Cómo te sentiste? ¿Acaso lo has defendido cuando lo estaban molestando? ¿Por qué lo hiciste? ¿Qué harías si vieras que le están dando una paliza?»

Ahora hable acerca de Jesús, el hermano mayor. Repita las respuestas del niño a la pregunta: «¿Qué significa ser un hermano mayor?» Pregunte: «¿Actúa Jesús como un hermano mayor en algunas de estas cosas? ¿Cómo crees que se siente Él cuando te ve metido en problemas? ¿Por qué no interviene y lucha todas nuestras batallas? ¿Cómo puede ayudarte Jesús en los momentos difíciles de la vida?»

Otras perspectivas   *Practique la hermandad*. Hable más acerca de la función de ser un hermano. Pídale al niño que dé dos pasos esta semana para ser un mejor hermano.

Sea grande. Trate de pensar en un niño pequeño de su vecindario que no tenga un hermano mayor. Pídale a su hijo que considere hacerlo.

24 ♦ Dios es como el invitado de una fiesta

Vaya a una fiesta de la iglesia

Yo he venido para que tengan vida, y para que la tengan en abundancia.
(Jesús, Juan 10.10)

Érase una vez cuando Dios decidió hacer una fiesta. Envió invitaciones a sus amistades especiales. Realizó todas las preparaciones sin preocuparse por los gastos. Cuando llegó el momento de la fiesta, ninguno de los invitados apareció. Algunos tenían diferentes planes, otros estaban ocupados con el trabajo y las obligaciones familiares, otros se quedaron en casa viendo lucha libre en la televisión. Con toda esta comida, una orquesta y decoraciones que iban a desperdiciarse, Dios dijo: «¡Muy bien! Si los invitados no quieren venir, voy a invitar a *todos*, extraños, vagabundos, cualquiera que quiera venir».

La fiesta es la vida con Dios. La lista de invitados ya no es exclusiva. Cualquier invitado puede venir y unirse a la celebración.

Una fiesta en la iglesia Una de las razones por las cuales vamos a la iglesia es para celebrar la vida con Dios. Explíquele a su niño que la iglesia es más o menos como una fiesta. Hablen acerca de su iglesia: ¿Qué tipo de fiesta es?

La lista de invitados. ¿Quién es invitado a su iglesia? ¿Puede venir cualquiera? ¿O sólo ciertas clases de personas se invitan? Jesús invita a todos a la fiesta, para Él ninguna persona es «poca cosa».

La celebración. ¡El hecho de que en realidad podemos vivir para siempre es algo por lo cual deberíamos emocionarnos! ¿Celebra eso su iglesia en algún momento? No tiene que ponerse sombreros para fiestas, romper una piñata ni jugar a ponerle la cola al burro, pero, ¿acaso asistir a la iglesia le parece en algún momento una celebración? Dios el Invitado llena nuestras vidas con gozo y risa.

El invitado. ¿Le parece que los ministros y los maestros de su iglesia están excitados en cuanto a tener una celebración? ¿O simplemente lo hacen porque tienen que hacerlo? Dios el Invitado desea complacernos. Él hizo la fiesta de la vida para nosotros.

25 ◆ Dios es como un humano

Retroceda en el tiempo

Y aquel Verbo fue hecho carne, y habitó entre nosotros. (Juan 1.14)

Jesús llegó a experimentar de forma íntima, como un verdadero ser humano vivo, los gozos de la humanidad: la risa, las puestas de sol, los masajes en la espalda, cena con postre, conversaciones tarde en la noche con amistades alrededor de una fogata, la forma en la cual huele el aire después de la lluvia.

Pero Jesús también probó lo amargo: sarpullido por los pañales, dedos de los pies golpeados, pulgares aplastados, astillas debajo de las uñas, maestros aburridos, el rechazo de las amistades, la soledad, el odio, la tentación, las personas malvadas, el hambre, la sed, el asesinato. Él no es una fuerza distante que no se puede conocer ni es tan distinto a nosotros que no puede relacionarse. Ha comido, reído, llorado y sangrado, igual que usted. Ha estado en su lugar; Él *sabe* cómo es la cosa.

Retrospección   A los niños a veces se les hace difícil imaginarse que sus padres tuvieron su edad en algún momento. La solución: pruébelo. Busque evidencia de su niñez en libros de recuerdos, álbumes de fotografías y cajas de recuerdos. Pídale a su niño que vaya con usted en un viaje al pasado.

En lugar de concentrarse en lo que hizo a su edad, trate de describir cómo se sentía, qué pensaba, cómo se veía el mundo en ese entonces. Por ejemplo, cuando le muestre una fotografía del equipo de pequeñas ligas, describa cómo se sintió cuando lo eliminaron en las semifinales, cuán mal se sintió por dentro, cómo lloró todo el camino a casa. Cuéntele de sus momentos de triunfo, lo que sintió, cómo cambiaron su perspectiva. Hable acerca de cuando cometió errores, cuando se enojó o se entristeció.

Pregúntele a su niño si ha tenido esos sentimientos en alguna ocasión y cuándo. La meta es invertir el proceso de la empatía. Por lo general, dirá: «Hijo, sé como te sientes». Aquí desea que su hijo diga (callado o en voz alta): «Papá, sé como te sientes». La empatía y la intimidad se alimentan la una de la otra: el entendimiento engendra la cercanía, la cercanía engendra el entendimiento.

Ahora hable acerca de Jesús. Si Jesús nos pudiera mostrar su libro de recuerdos y un álbum de fotos, nos mostraría fotografías y nos contaría historias de cosas que sintió e hizo, y nosotros diríamos: «¡Caramba!... Sé como te sentiste». Jesús escucharía nuestros relatos y diría la misma cosa. Pregúntele a su niño: «¿Cuáles fueron algunas de las frustraciones que tuvo Jesús? ¿Cómo crees que se sintió? ¿Y qué de sus triunfos? ¿Cómo los sintió? ¿Has tenido alguna vez un sentimiento con el cual Él no pudiera relacionarse?»

Otras perspectivas   *La abuela lo cuenta todo*. Permita que su niño entreviste a sus padres o hermanos en relación a cómo era usted cuando niño. Ellos ofrecerán historias que usted no contaría, pero su niño lo verá mucho más humano una vez que las escuche.

Autorretratos

> *Porque no tenemos un sumo sacerdote que no pueda compadecerse de nuestras debilidades, sino uno que fue tentado en todo según nuestra semejanza, pero sin pecado. Acerquémonos, pues, confiadamente al trono de la gracia, para alcanzar misericordia y hallar gracia para el oportuno socorro.* (Hebreos 4.15,16)

26 ◆ Dios es como un inventor

Haga un mundo en miniatura

Tú hiciste los cielos, y los cielos de los cielos, con todo su ejército, la tierra y todo lo que está en ella, los mares y todo lo que hay en ellos; y tú vivificas todas estas cosas, y los ejércitos de los cielos te adoran.
(Nehemías 9.6)

¿Alguna vez ha creado un mundo? Cien veces. Cuando niño creó mundos con juguetitos, muñecas pequeñitas y camioncitos. Inventó pueblos y países en su mente y después los construyó con bloques, piezas plásticas y barquillos. Heredó esta capacidad para crear de su Padre, quien es mejor conocido por haber inventado al universo.

Haga un mundo Usted puede a ayudar a su niño a ponerse en contacto con el lado creador de Dios inventando juntos su mundo. Organícelo de esta manera: Dios está formando un planeta en el otro lado del universo y quiere que ustedes dos denominen al planeta y se lo diseñen. En este momento está completamente cubierto de agua, tendrán que decirle dónde poner la tierra. Es más pequeño que la tierra, con suficiente espacio para tres o cuatro continentes pequeños.

Dibuje dos círculos grandes en una hoja o cartón para que representen los dos hemisferios. Ahora decida dónde colocar los continentes. Dibújelos y denomínelos. Añada islas sí así lo

desea. Entonces, utilizando lápices de colores variados, repro-
duzca la geografía: señale las montañas, los desiertos, las
llanuras, los ríos, los lagos, lo que usted quiera. Decida las
fronteras políticas: ¿Hay sólo un gobierno o varios países?
Dibuje las fronteras, denomine los países. Ahora decida dónde
vivirán las personas. ¿Dónde están las ciudades, los pueblos y
la tierra para sembrar?

Usted puede detenerse o continuar inventando las varieda-
des de plantas y animales que viven allí, los climas y las
estaciones y la apariencia de las personas. Al finalizar, hable
acerca de la experiencia. ¿Fue divertido? ¿Difícil? Pregunte:
«¿Cómo te sentirías si las personas que viven en tu planeta
comenzaran a arruinar toda tu labor: matando a los animales,
arruinando los ríos, derribando los bosques?»

Hable acerca de Dios el inventor: «¿Crees que Dios se
divirtió cuando creó al universo? ¿Cómo decidió colocar las
cosas? ¿Crees que se molesta cuando nosotros arruinamos su
creación? ¿Cómo lo hace sentir? ¿Desea que seamos inventores
como Él o más bien prefiere que dejemos las cosas como
están?»

Autorretratos

> *Y en efecto, pregunta ahora a las bestias,*
> *y ellas te enseñarán;*
> *A las aves de los cielos, y ellas te lo mostrarán;*
> *O habla a la tierra, y ella te enseñará;*
> *Los peces del mar te lo declararán también.*
> *¿Qué cosa de todas estas no entiende*
> *Que la mano de Jehová la hizo?*
> (Job 12.7-9)

> *De Jehová es la tierra y su plenitud;*
> *El mundo, y los que en él habitan.*
> *Porque Él la fundó sobre los mares,*
> *Y la afirmó sobre los ríos.*
> (Salmo 24.1,2)

Desde el principio tú fundaste la tierra,
Y los cielos son obra de tus manos.
(Salmo 102.25)

Porque toda casa es hecha por alguno;
pero el que hizo todas las cosas es Dios.
(Hebreos 3.4)

27 ◆ Dios es como un jefe

Sea el jefe

Y su señor le dijo: Bien, buen siervo y fiel; sobre poco has sido fiel, sobre mucho te pondré; entra en el gozo de tu señor. (Mateo 25.21)

Dése una vuelta rápidamente por la casa y quizás se le ocurrirá al menos una página de trabajitos por hacer. Pero su lista de cosas por hacer es fácil comparada con lo que hace falta hacer fuera del hogar: alimentar a los hambrientos, detener el odio, educar a los niños, limpiar el aire, sanar a los enfermos y más o menos un centenar de millones de otras tareas.

Una razón por la cual Dios nos puso en el planeta es trabajar para Él: terminar nuestra parte en esta enorme lista de cosas por hacer. Los que vienen a trabajar encuentran que Dios es un gran jefe: nos prepara, nos da tareas apropiadas para nuestros talentos y habilidades, nos alienta cuando lo necesitamos y nos recompensa cuando finalizamos la tarea.

El gran ascenso Los niños comprenden mucho acerca de lo que significa ser un obrero, pero no tienen muchas oportunidades para ser jefes. La próxima vez que tenga que realizar un trabajo grande en la casa, limpiar el garaje, limpiar las ventanas, prepararse para invitados que se van a quedar a dormir, invierta las funciones con su hija. Que ella sea la jefa y usted el obrero. Siéntense juntas y hagan una lista de todas las tareas específicas, luego permita que ella distribuya las tareas. ¡Entonces a trabajar!

Asegúrese de hacerle muchas preguntas y pídale ayuda a medida que trabajan. Trátela como a una verdadera jefa y respete su autoridad. Si ha mostrado buena administración en el pasado, ella le animará, le dará recesos para tomar café y le ayudará. Si ha sido más dictador que buen jefe, eso es lo que obtendrá de ella.

Al finalizar el trabajo, hablen sobre cómo se sintió ella mandando y usted como obrero.

Explique que Dios es nuestro jefe y nosotros sus obreros. ¿Qué trabajos tiene para nosotros? ¿Cómo averigua lo que Él desea que se haga? ¿Cómo nos ayuda a realizarlos? ¿Nos paga? ¿Cómo? ¿Qué definición cree que Dios tiene acerca de un buen obrero?

Concluya pidiéndole que piense acerca de un trabajo que Dios quiere que ella haga esta semana. ¿Qué es? ¿Cuándo va a trabajar? ¿Le pagará? ¿Cómo?

Otras perspectivas *Administración menor*. Quizás su hijo esté en una posición de liderazgo en un equipo deportivo o al ocuparse de los hermanitos. Pídale que describa sus responsabilidades y que piense acerca de uno o dos pasos que pueda dar para ser un mejor líder.

28 ◆ Dios es como un juez

Vaya a la corte

Y los cielos declararán su justicia,
porque Dios es el juez. (Salmo 50.6)

Usted ha oído muchas veces a sus niños hablar de justicia, al menos cuando se trata de cómo otros los tratan a ellos. Es la justicia del *yo*: *Yo* no lo hice, *yo* no lo merezco, *yo* lo hallo injusto. La Biblia también habla acerca de la justicia, pero en su mayoría es justicia en tercera persona: la que usted realiza con otros. Los jueces están comisionados para administrar esta clase de justicia. Su trabajo es zarandear los granos de la verdad en la tormenta de arena de la ficción, la exageración y la verdad a medias, y entonces hacer lo que es justo, no importa cuán doloroso sea.

Alcanzar la verdad no es una tarea sencilla. Gracias a la costumbre que Dios tiene de hacernos diferentes a todos, es seguro que dos personas que ven el mismo hecho lo hagan de forma distinta. Así que un juez tiene que escuchar a todos describir su versión y después tratar de imaginarse lo que *verdaderamente* sucedió. Una de las razones por las cuales Dios el Juez es tan justo es que Él no tiene que depender del testimonio de testigos. Lo ve todo y por lo tanto conoce todos los hechos. También ve lo que está en nuestros corazones, así que conoce la motivación tras cada acción. Conoce la verdad y por consiguiente nos juzga.

Cita en la corte   Usted puede ayudar a su niño a ver a Dios como un juez justo llevándolo a una corte. Es poco común que los juicios en la corte sean tan excitantes como los que se presentan en la televisión (a menos que *usted* sea el acusado), pero si revisa el registro en la corte, podría ver parte de un juicio por un delito. Quédese suficiente tiempo para señalar los distintos personajes en el drama, para ver a los testigos hacer el juramento y cómo el juez dirige el procedimiento judicial.

Fuera de la corte, hable con su niño acerca de la función de un juez. Pregunte: «¿Por qué las personas se paran cuando el juez entra al salón? ¿Por qué este se viste con una toga y se sienta más alto que los demás? ¿Por qué las personas le dicen su *señoría*? ¿Cómo sabe que las personas dicen la verdad? ¿Crees que siente pena por las personas? ¿Se sentirá mal cuando sentencia a alguien a la prisión? Si fueras enjuiciado por algo, ¿qué tipo de juez desearías?»

Ahora hable acerca de Dios el Juez: «¿Cómo sabe Él si las personas dicen la verdad? ¿Dios trata a las personas injustamente?»

Otras perspectivas   *Preside el honorable Juez Dios.* Anime a su niño a que «se acerque al magistrado»: para aparecer ante el Juez y contarle su historia. Lean juntos 1 Juan 1.9: «Si confesamos nuestros pecados, Él es fiel y justo para perdonar nuestros pecados, y limpiarnos de toda maldad».

Actúe con justicia. Miqueas 6.8 nos dice que actuemos de forma justa. Pídale a su niño que recuerde una ocasión en la cual no trataron a alguien de forma justa (e.g. que se le inculpara por algo que no hizo, que se le negara la oportunidad de defenderse). ¿Quién o qué obstruyó el camino de la justicia? ¿Hay algo que su niño pueda hacer para que prevalezca la justicia la próxima vez que suceda algo así?

Autorretratos

Sea, pues, con vosotros el temor de Jehová;
mirad lo que hacéis, porque con Jehová nuestro Dios no
hay injusticia, ni acepción de personas,
ni admisión de cohecho.
(2 Crónicas 19.7)

Él es Todopoderoso, al cual no alcanzamos,
grande en poder;
   y en juicio y en multitud de justicia
no afligirá.
(Job 37.23)

29 ◆ Dios es como un león

Lea un relato acerca de un león

No llores. He aquí que el León de la tribu de Judá, la raíz de David, ha vencido.
(Apocalipsis 5.5)

La comparación de Jesús con un león es popular, pero tiene que ir hasta el final de la Biblia para hallar la única referencia al respecto. Sin embargo, es un cuadro maravilloso, que simultáneamente representa dos aspectos al parecer irreconciliables: belleza y terror.

Lea La mejor ilustración de Jesús como león aparece en la obra clásica de fantasía infantil de C.S. Lewis, *Las crónicas de Narnia*. La serie de siete libros le lleva a Narnia, un mundo de reyes y castillos, animales que hablan y un león semejante a Cristo llamado Aslan, hijo del Emperador que se encuentra más allá del mar. Cada libro es una historia completa, así que no tiene que leer toda la serie.

La mejor forma de leer las crónicas es comenzando con el primer libro: *El león, la bruja y el guardarropa*. El relato es excitante y movido, así que es muy divertido leerlo en voz alta. Lea un capítulo cada noche, o reúnanse alrededor de la chimenea y lea varios de una vez. Los paralelos entre Aslan y Jesús son numerosos, así que no tendrá problemas en establecer un cuadro de Dios como león.

30 ♦ Dios es como una luz

Apague las luces

Yo soy la luz del mundo; el que me sigue, no andará en tinieblas, sino que tendrá la luz de la vida. (Jesús, Juan 8.12)

Las personas le temen a la oscuridad, se preocupan por lo que se esconde en ella.

¿Qué se esconde tras la oscuridad? Muchas cosas: serpientes, arañas, lagartijas, cucarachas, escorpiones, murciélagos, leones, tigres y osos (¡epa!), asaltantes, asesinos, terroristas, monstruos, extraterrestres, fantasmas, el hombre del Himalaya, Godzila, King Kong y el cuco.

Esto es sólo lo que está *fuera* del cuerpo. Las tinieblas internas son mucho más temibles: pensamientos malos, preocupaciones, temores; esas molestas preguntas acerca de la muerte, el valor, el propósito, el amor, el fracaso. La vida podría parecerse a un cuarto sin luces donde usted vaga a ciegas tropezando con las cosas. Si es afortunado, tropezará con las buenas. Si es desafortunado, tropezará con problemas.

Las buenas nuevas son que Dios entró en el cuarto y encendió una luz. Él alumbra nuestros senderos para que no tropecemos. Ilumina nuestros cerebros (para mí es como una luz que atraviesa la neblina) para ayudarnos a tomar buenas decisiones, para pensar con claridad, para evitar que nos enredemos en problemas. Es más, cuando terminamos involucrados en ellos, Él continúa alumbrando nuestros corazones, dándonos la razón para seguir adelante.

Siéntese en la oscuridad   He aquí una actividad nocturna que le ayudará a su niño a comprender cómo Dios es semejante a una luz. Dígale a su niño que van a realizar un experimento con la luz. Entonces quítele la cubierta a la lámpara de la mesa, coloque la lámpara en el suelo en medio del cuarto y enciéndala. Cierre las persianas y apague todas las luces de la casa. Siéntense juntos al lado de la lámpara (usted podría reafirmarle que no va a asustarlo).

Dígale a su niño que va a apagar la luz por un momento, pero que estará a su lado y le hará algunas preguntas. Apague la lámpara. Mientras están sentados en las tinieblas, hablen acerca de la luz. Pregunte: «¿Qué hace la luz por nosotros (nos permite ver, hace colores, ilumina los peligros, elimina nuestros temores a lo desconocido)? ¿Qué es lo que no te gusta de la oscuridad? ¿Cómo te hace sentir?»

Ahora encienda la lámpara. Pregunte: «¿Cómo te sientes ahora? ¿Por qué te sientes mejor cuando la luz está encendida? ¿En qué se parece Dios a una lámpara? ¿Cómo elimina Dios el temor? ¿Dios apaga y enciende la luz, o esta siempre está encendida?»

Otras perspectivas   *Luces menores.* En Mateo 5.14-16, Jesús declara que nosotros también somos luces. Lean juntos los versículos y averigüen qué debemos hacer en cuanto a ello.

Autorretratos

> *Será como la luz de la mañana,*
> *como el resplandor del sol en una mañana*
> *sin nubes, como la lluvia que hace brotar la hierba de*
> *la tierra.*
> (2 Samuel 23.4)

> *Jehová es la fortaleza de mi vida;*
> *¿de quién he de atemorizarme?*
> (Salmo 27.1)

Lámpara es a mis pies tu palabra,
Y lumbrera a mi camino.
(Salmo 119.105)

En Él estaba la vida, y la vida era la luz de los hombres.
(Juan 1.4)

Yo, la luz, he venido al mundo, para que todo aquel que
cree en mí no permanezca en tinieblas.
(Jesús, Juan 12.46)

31 ♦ Dios es como la lluvia

Disfrute de la lluvia

Descenderá como la lluvia sobre la hierba cortada; como el rocío que destila sobre la tierra. (Salmo 72.6)

La lluvia es la manera que tiene la naturaleza para bañarse. Limpia el aire, limpia el polvo de las hojas, enjuaga las rocas y la yerba, hace salir arroyos. La lluvia hace que el aire huela mejor, o quizás lava las cosas que hacen que el aire huela mal. La lluvia hace que las semillas germinen, las flores abran y que las colinas secas reverdezcan.

Dios es como la lluvia. Limpia el sucio y la mugre de nuestras vidas, hace que la respiración sea algo divertida. Refresca y da gozo a nuestras vidas cansadas. Lo hace simplemente al permitir que su gracia caiga sobre nosotros.

Disfrute de la lluvia   Lleve a su niño a brincar sobre charcos.* Pónganse capas (o haga agujeros para la cabeza y para los brazos en un par de bolsas plásticas para la basura) y salgan afuera. Traten de atrapar gotas de lluvia con su boca. ¿A qué saben? Hagan una carrera de palitos en la cuneta. Traten de sacar toda el agua de un charco saltando sobre el

---

* Contrario a lo que nuestras madres nos dijeron, uno no se resfría al mojarse. Uno se mete en problemas cuando se queda mojado demasiado tiempo y su cuerpo queda exhausto al tratar de conservar el calor: esto baja las defensas de su cuerpo.

mismo. Párese en la esquina de la calle y espere que los autos pasen y los mojen. Tome una ducha bajo una canaleta.

Vayan a un parque de juego. Bajen por un tobogán mojado. Vayan a los columpios. Pongan sus pies abajo y páselos a través del charco debajo de los columpios. Corran y deslícense a través de un charco en la hierba. Hagan un concurso para ver quién puede deslizarse más lejos.

Cuando se hayan cansado de disfrutar de la lluvia, regresen a casa y pónganse ropas secas. Si el clima es apropiado, encienda un fuego en la chimenea y sirva sidra de manzana caliente o chocolate caliente. Hablen acerca de su aventura y cómo Dios es semejante a la lluvia.

Autorretratos

> *Goteará como la lluvia mi enseñanza;*
> > *destilará como el rocío mi razonamiento;*
> *como la llovizna sobre la grama,*
> > *y como las gotas sobre la hierba.*
> (Deuteronomio 32.2)

> *Y conoceremos, y proseguiremos en conocer a Jehová;*
> > *como el alba está dispuesta su salida,*
> *y vendrá a nosotros como la lluvia,*
> > *como la lluvia tardía y temprana a la tierra.*
> (Oseas 6.3)

32 ♦ Dios es como un maestro

Juegue al maestro

En una cultura donde los instructores religiosos se enorgullecen de presentar conferencias lerdas, argumentos inútiles y oraciones interminables, Jesús fue un maestro renegado. Evitó los mensajes largos; más bien relató historias coloridas, hizo muchas preguntas, las personas se quedaron esperando más (¿cuándo fue la última vez que usted quiso que el sermón fuera más largo?). Dominaba todos los medios de comunicación, utilizaba la vista, el sonido, el sabor, el tacto y el olfato para que un mensaje fuera inolvidable (alimentar a los cinco mil, la Última Cena). Más importante aún, amó a sus estudiantes y ellos lo sabían.

Juegue al maestro Organice un aula en la casa con usted como estudiante y su niña como maestra. Pídale a su niña que prepare una breve lección para usted sobre un tema que ella conozca bien, algo así como el uso de un diccionario, cómo dividir, la geografía del estado, el significado de cierto pasaje bíblico, cualquier cosa que pueda enseñar con confianza.

Mientras ella sea la maestra, compórtese como un estudiante. Puede hacer muchas preguntas, pero no le diga cómo enseñar ni use esta ocasión para corregirla si comete un error (pero si trata de enviarlo a la oficina del director, envíela a su cuarto).

Al final de la lección, pregúntele cómo le fue como maestra. Pregunte: «¿Cómo te sentiste? ¿Fue divertido? ¿Frustrante?»

Pídale que identifique las cualidades de un maestro bueno y uno malo. Entonces hablen acerca de Jesús el Maestro. Pregunte: «¿Qué clase de maestro era Jesús? ¿Cómo lo conoces? ¿Qué métodos docentes utilizó Jesús para comunicar su mensaje? ¿Cómo trató a sus estudiantes?»

33 ♦ Dios es como una mamá

Haga una encuesta a mamá

Como aquel a quien consuela su madre, así os consolaré yo a vosotros. (Isaías 66.13)

Las madres escribieron el manual acerca del consuelo. Cuando niño, si llegaba mojado y temblando por la lluvia, mi madre me quitaba la ropa inmediatamente y me daba un baño caliente. Después mamá ponía mi ropa fría en la secadora para que estuvieran muy caliente cuando me la pusiera. Y hasta podía haber una taza de chocolate caliente esperándome en la cocina. Cuando mi madre terminaba conmigo, no estaba seguro si había sido miserable o no.

Dios la Mamá es así. Nos saca del frío, nos baña en calor, nos arropa en consuelo. Nos hace olvidar por un momento cuán frío puede ser el mundo.

Encuesta a mamá Para la mayoría de los niños, las mamás son mamás. Realmente nunca han invertido el tiempo para analizar el trabajo de ser un madre. La encuesta a las mamás les da la oportunidad de ver lo que constituye una buena mamá. Saque varias copias de la encuesta que aparece al final de esta sección. Que su niña llame o visite a cuatro mamás que respete. Pídale que los entreviste usando la encuesta.

Al finalizar, conversen acerca de los resultados. Pregunte: «Después que escuchaste lo que estas mamás dijeron, ¿cuáles crees *tú* que son las tres responsabilidades más importantes? ¿Por qué? ¿Qué era lo que más les gustaba en cuanto a ser mamás? ¿Qué era lo que menos les gustaba en cuanto a ser mamás?»

Encuesta a mamá

¿Cuáles son las tres responsabilidades más importantes de una mamá?

1. _____

2. _____

3. _____

¿Qué prefiere hacer como mamá?

_____

_____

_____

¿Qué es lo que *menos* le gusta hacer como mamá?

_____

_____

_____

34 ♦ Dios es como un médico

Visite la oficina del médico

Él sana a los quebrantados de corazón, y venda sus heridas. (Salmo 147.3)

Los médicos pueden lograr que hagamos prácticamente todo.

—Quítese la ropa y póngase esta ridícula bata.

—Ajá.

—Ahora abra su boca mientras le empujo una paleta en su garganta.

—AHHHH.

—Necesito una muestra, llene este vaso.

—¿Dónde está el baño?

Si otra persona le dijera esas cosas, usted o lo golpearía en la nariz o se escaparía. Así que, ¿por qué toleramos el dolor y la vergüenza de parte de los médicos? Porque confiamos en que ellos saben qué es lo mejor para nosotros. Creemos que tienen nuestros mejores intereses en mente y cualquiera cosa estúpida o dolorosa que nos hagan pasar es necesario para sanarnos y mantenernos saludables. Esto se llama fe.

Jesús el Médico trabaja de la misma manera. Algunas veces nos pide que hagamos cosas que son dolorosas o vergonzosas. No sabemos por qué, pero confiamos en que sabe lo que está haciendo y lo hace para sanarnos.

La oficina del médico Si su niño debe ir a visitar pronto al médico, convierta la cita en una oportunidad para aprender acerca de Dios. En el camino a la oficina del médico hablen acerca del porqué van para allá. Pregunte: «¿Por qué no intentamos ser nuestros médicos? ¿Por qué un médico preparado es mejor? ¿Qué sucedería si jamás fueras al médico?»

Mientras está con el médico, anime a su niño para que haga unas cuantas preguntas, como: «¿Por qué decidió ser médico? ¿Qué le agrada? ¿Qué le disgusta? ¿Tiene pacientes que no hacen lo que usted les dice? ¿Por qué no hacen lo que usted les dice? ¿Qué les sucede?»

De regreso al hogar hablen acerca de la cita. Pregunte: «¿Hizo el médico algo que te hiciera sentir incómodo o avergonzado? ¿Hizo algo doloroso? ¿Por qué hiciste lo que se te dijo? ¿Se te pueden ocurrir maneras en las cuales Dios es como un médico? ¿Te pide en algún momento que hagas cosas que son vergonzosas y dolorosas? ¿Siempre te quita el dolor? ¿Puedes pensar en un ejemplo cuando el dolor físico sea algo bueno? ¿Qué me puedes decir del dolor emocional, el rechazo, la angustia, el fracaso? ¿Por qué Dios permite que suframos?»

Termine la conversación preguntándole a su niña si puede recordar algo que le esté pidiendo Dios el Médico para que ella sea más saludable. «¿Te está enseñando alguna lección en este momento? ¿Estás pasando por alguna clase de prueba o dolor emocional que Dios pueda usar para fortalecerte? ¿Cómo te mejoraría esa experiencia? ¿Qué puedes hacer ahora mismo para aprender del dolor?»

Otras perspectivas *Reúnanse con alguien que ha sido sanado.* Hablen juntos con alguien que haya pasado por un gran trauma emocional o físico como la adicción, el divorcio, una lesión aguda o una enfermedad a largo plazo. Pregúntele a la persona sobre qué función tuvo Dios en el proceso de sanidad. ¿Dudó del amor, las intenciones o la existencia de Dios? ¿De qué maneras es mejor la vida ahora?

Consejo de prueba. Lean juntos Santiago 1.2-12 y traten de averiguar lo que decía Santiago acerca de los beneficios de las pruebas. ¿Es realmente posible considerarlas como algo bueno? ¿Cuál es la recompensa por soportarlas?

Autorretratos

> *Jehová Dios mío, a ti clamé,*
> *y me sanaste.* (Salmo 30.2)

35 ♦ Dios es como un mensajero

Entregue un mensaje

He aquí, yo envió mi mensajero, el cual preparará el camino delante de mí; y vendrá súbitamente a su templo el Señor a quien vosotros buscáis, y el ángel del pacto, a quien deseáis vosotros. (Malaquías 3.1)

Vamos a decir que usted tiene un mensaje importante para alguien que da la casualidad que vive al otro lado del planeta. ¿Cómo se comunicaría? No puede llamar, porque la persona no tiene teléfono. Podría enviar una carta, pero la entrega del correo entre los dos puntos es demasiado lenta; podría demorar meses, o hasta perderse en el correo. Podría intentar un telegrama, pero eso es impersonal y no hay firma que pruebe que fue usted quien lo envió. Si el mensaje *realmente* es importante, sólo hay una forma de enviarlo: llévelo usted mismo.

Dios hizo eso cuando envió a Jesús el Mensajero a nosotros. Este fue el mensaje que Jesús entregó:

Mi querido hijo:

Te amo. Quiero que vivas conmigo para siempre. ¡Espero saber de ti pronto!

Con todo mi amor,
Dios

Por supuesto estoy parafraseando. El verdadero mensaje fue mucho más largo y Jesús dijo muchas otras cosas maravillosas (y perturbadoras). El asunto es que el mensaje era lo suficientemente importante como para que Dios mismo lo entregara. Sabía que «Larga distancia es la otra alternativa mejor...», pero no podía complacerse con lo *otro* mejor. Tenía que ser lo mejor y eso implicaba cara a cara.

La entrega Permita que su niña entienda la descripción del Mensajero Jesús, al asumir ella la función de mensajera. Dígale que prepare un mensaje de sorpresa que pueda entregarle a uno de sus padres o a un familiar mientras la persona trabaja. Por ejemplo, ayúdela a hornear galletas y ensayen un mensaje de cumpleaños para su padre. Asegúrese de que esté trabajando cuando lleguen. Dígale que entregue el mensaje personalmente. Podría decir algo así como: «Quería desearte un feliz cumpleaños en persona. El mensaje era demasiado importante como para decirlo por teléfono».

De regreso al hogar, pregúntele cómo le fue: «¿Se sorprendió papá? ¿Crees que le agradó el mensaje? ¿Crees que lo recordará?» Entonces hablen acerca de Jesús el Mensajero: «¿Por qué vino Jesús a la tierra? ¿Acaso Dios no pudo gritar desde el cielo? ¿Por qué es más importante que Dios entregue el mensaje en persona? ¿Cuál fue su mensaje?»

36 ♦ Dios es como un niño

Espíe a los preescolares

Así que, cualquiera que se humille como este niño, ése es el mayor en el reino de los cielos. (Jesús, Mateo 18.4)

En tiempos de Maricastaña, la infancia era cuando los pequeños podían ignorar sin peligro algunos los privilegios y los vicios de los adultos como el sexo, las drogas, la violencia, el materialismo y la vanidad. Ya no es así. Ahora estos asuntos y problemas «adultos» son una epidemia entre los adolescentes. Y muchas de las mismas preocupaciones surgen en las escuelas primarias. Los niños de hoy en día crecen antes de tiempo.

Cuando los niños crecen demasiado rápido, dejan algo más que sobras: se desprenden de un armario lleno de hermosas cualidades que Dios les reservó para que se quedaran con ellas toda su vida. Regalos tales como la inocencia, la falta de prejuicio, el perdón, el humor, la capacidad de jugar y soñar. La tragedia es que estas son algunas de las cualidades que nos asemejan más a Dios. Quizás cuando comencemos a percatarnos de cuán infantil es Dios, dejaremos de tratar de crecer demasiado rápido.

La observación de niños Pídale a su niña que vaya con usted en un viaje científico para estudiar los hábitos de una criatura extraña y fascinante. Vaya a una guardería cercana (con permiso) o a un patio de recreo y señale las criaturas que vinieron a observar: los preescolares. Siéntense cerca del área de juego para que puedan verlos de cerca.. Mencione que algunas personas creen que los preescolares tienen imaginaciones vívidas, son prontos para olvidar y perdonar, y tienen muy buena capacidad para hacer amigos. Su propósito es buscar esa clase de comportamiento.

A medida que señalan algunos de estos comportamientos, hablen acerca del porqué son tan comunes entre niños pequeños. Por ejemplo: ¿Por qué a los preescolares les resulta tan fácil estar enojados con alguien en un minuto y ser los mejores amigos después? ¿Por qué les resulta más difícil a los adultos hacerlo? ¿Por qué los preescolares son tan sociables? ¿Por qué al parecer no les importa su apariencia? ¿Por qué los adultos no juegan y sueñan como los niños pequeños?

Mientras observa estas y otras cualidades de la niñez, explique que Dios debe parecerse mucho a un niño porque tiene muchas cualidades infantiles. Pregúntele a ella si puede recordar relatos de la Biblia que demuestren estas características.

Tome un momento para expresar las cualidades divinas que ve en su niña. Asegúrese de ofrecer ejemplos específicos de momentos en los cuales demostró esas cualidades para que sepa exactamente a qué se refiere. Cuando le ofrezca imágenes mentales de ella dando muestras de esas características, habrá menos probabilidad que se aparte de ellas a medida que deje atrás la niñez.

Otras perspectivas *Una retrospectiva fotográfica.* Usted puede llevar a su niña de nuevo al inicio de su infancia con un álbum de fotografías, libros de notas y videos caseros. A medida que repasan su pasado, cuéntele relatos de momentos en los cuales ella actuó como Dios el Niño.

Jesús el Niño. No sabemos mucho acerca de la niñez de Jesús, pero la Biblia nos da unas cuantas ideas. Lean juntos Lucas 2.40-52 y pídale a su niña que describa a Jesús cuando era niño.

Autorretratos

Y [Jesús] dijo: De cierto os digo,
que si no os volvéis y os hacéis como niños,
no entraréis en el reino de los cielos.
(Jesús, Mateo 18.3)

Y cualquiera que reciba en mi nombre a un niño como
este, a mí me recibe. Y cualquiera que haga tropezar a al-
guno de estos pequeños que creen en mí, mejor le fuera que
se le colgase al cuello una piedra de molino de asno, y que
se le hundiese en lo profundo del mar.
(Jesús, Mateo 18.5,6)

37 ♦ Dios es como un oyente

Escuche callado

Y antes que clamen, responderé yo; mientras aún hablan, yo habré oído.
(Isaías 65.24)

¿Ha estado hablando en el teléfono en algún momento cuando, en medio de su relato, se percata de que no ha escuchado un «ajá» o «¿de verdad?» durante el último minuto más o menos? Usted comienza a preguntarse si alguien lo escucha. Quizás ella abandonó el teléfono para encender la televisión o para hacer una ensalada de atún. O quizás todavía está allí, pero no *allí*: abre la correspondencia, se lima las uñas o le dibuja un bigote a una foto en la agenda del agente de bienes raíces.

¿Le ha estado hablando a Dios en algún momento y se ha preguntado lo mismo? Quizás está cansado de escuchar sus problemas y sus peticiones. O está aburrido. Quizás tiene demasiadas personas hablándole a la misma vez, se autocastiga por crear un mundo redondo porque significa que siempre es tiempo de oración *en alguna parte* del globo. Esta, por supuesto, es una conjetura tonta, pero señala un asunto importante: *Cuando usted derrama su corazón a Dios, ¿realmente lo escucha?*

Si la Biblia es cierta, la respuesta es afirmativa. Dios conoce la frustración de hablarle a alguien que no escucha, nosotros se lo hacemos a Él todos los días, así que promete una y otra vez escucharnos siempre que le llamemos. Y algunas veces, si se queda callado suficiente tiempo, Dios el Oyente se convierte en Dios la Voz.

Escuchar calladamente   Preséntele a su niña la descripción de Dios el Oyente enseñándole a escuchar mientras está callada. Desconecte el teléfono, apague los televisores, los sistemas estereofónicos y otras cosas que hagan ruido, y siéntense juntos unos minutos. Tome nota de los sonidos que escucha, el zumbido del refrigerador, los ruidos de las paredes de la casa, su respiración, el golpe de la puerta de un vecino, un grito distante, un avión sobrevolando.

Luego, hablen acerca de las cosas que escuchó. ¿Hubo ruidos de los cuales jamás se había percatado? ¿Hubo algunos desconocidos? ¿Se sintió tonto al sentarse sin hacer nada? ¿Se sintió incómodo?

Hablen acerca de Dios el Oyente. Pregunte: «¿Escuchó Dios todos esos sonidos? ¿Acaso escucha todos los sonidos en el mundo? ¿Cómo puede escuchar dos ruidos o voces a la misma vez? ¿Cuántas personas puede escuchar a la misma vez? Cuando oramos, ¿escucha nuestras oraciones o sólo escucha las más importantes? ¿Cómo sabes que Él te escucha? ¿Responde? ¿Cómo escuchas a Dios?»

Otras perspectivas   *Momentos de silencio.* Otros contextos son buenos para los momentos de quietud: un parque, un bosque, una playa, cerca de un arroyo. Quédese callado en diferentes momentos del día: al amanecer, al atardecer, en lugar de dar gracias antes de una comida.

Escuche con la vista. Realice una comida familiar silenciosa. Desde el momento que se siente a la mesa hasta que se termine la comida, no se puede hablar. Use gestos para comunicarse; y observe para escuchar.

Autorretratos

> *Porque ¿qué nación grande hay que tenga dioses tan cercanos a ellos como lo está Jehová nuestro Dios en todo cuanto le pedimos?* (Deuteronomio 4.7)

El deseo de los humildes oíste, oh Jehová;
  Tú dispones su corazón, y haces atento su oído.
(Salmo 10.17)

Los ojos de Jehová están sobre los justos,
  Y atentos sus oídos al clamor de ellos.
(Salmo 34.15)

38 ♦ Dios es como el pan

Haga una reunión para hornear

Yo soy el pan de vida. (Jesús, Juan 6.48)

Aún recuerdo mi bocadillo favorito al salir de la escuela para ver televisión. No eran galletas de vainilla, ni galletitas saladas. Era pan blanco. Tomaba una rebanada, le quitaba el borde y enrollaba el resto en una pelota de harina blanca. Entonces me metía la pelota en la boca y trataba de chuparla, sin masticarla, hasta que apareciera el próximo anuncio comercial de televisión. Si el programa era de suspenso real (por ejemplo, cuando Gilligan veía un navío), me devoraba media docena de rebanadas antes del final. Podía comerme toda una hogaza de esa manera, pero jamás tuve la oportunidad: mis hermanos disfrutaban de lo mismo, así que nos quedábamos sin pan antes de saciarnos.

De alguna forma superé mi antojo por el pan blanco, pero otros caprichos han ocupado su lugar como: los autos nuevos, las novedades electrónicas, las vacaciones tropicales, la continua aprobación de los demás. Y todavía me quedo sin «pan» antes de saciarme.

En nuestro interior todos estamos hambrientos. Pero nada en la tierra parece satisfacer el hambre: no por mucho tiempo, de todas maneras. Así como Dios nos dio hambre física para recordarnos que debemos comer para sobrevivir, nos da hambre espiritual para decirnos que lo necesitamos a Él para vivir de verdad.

Celebre una reunión para hornear   Pase una tarde horneando en la cocina. Si tiene suficiente equipo, haga varios panes grandes y regálele una parte a sus amistades. Mientras el pan se hornea, siéntese con su hijo y hable acerca del hambre: ¿Cómo sabemos cuando estamos hambrientos? ¿Por qué actúan así nuestros cuerpos? ¿Qué sucede si no comemos cuando tenemos hambre?

Hable acerca de otras cosas por las cuales las personas se antojan. Por ejemplo, cuando alguien actúa de manera desagradable, decimos que anda «hambriento de atención». ¿Puede pensar su hijo acerca de otras cosas que anhelan las personas (amor, alcohol, drogas, apostar, dinero, ropa nueva, autos)? Tenemos hambre de toda clase de cosas, pero parece que nunca podemos obtener lo suficiente como para satisfacer nuestros antojos. ¿Acaso no sería magnífico si hubiera algo tan bueno que nos llenara de tal forma que satisficiera nuestros antojos y nos saciara?

Ahora lea lo que dice Jesús en Juan 6.35: «Yo soy el pan de vida; el que a mí viene, nunca tendrá hambre; y el que en mí cree, no tendrá sed jamás». Hable acerca de lo que significa este versículo. ¿Cómo Dios nos quita el hambre?

Otras perspectivas   *Ayude a los hambrientos.* Es duro satisfacer las necesidades espirituales cuando tienen grandes necesidades físicas. Que su familia apoye a un niño necesitado a través de una organización de desarrollo como Visión Mundial o Compasión Internacional. Las cartas y el apoyo mensual que envíe a su niño proveerán ambas clases de nutrición.

Parta el pan. En lugar de dar gracias antes de una comida familiar, tome una hogaza, rómpala en pedazos para todos y explique que este pan nos recuerda otra clase de Pan que nos mantiene vivos: Jesús.

Autorretratos

*Fueron halladas tus palabras, y yo las comí; y tu palabra
me fue por gozo y por alegría de mi corazón;
porque tu nombre se invocó sobre mí, oh Jehová
Dios de los ejércitos.* (Jeremías 15.16)

*Y tomó el pan y dio gracias, y lo partió y les dio, diciendo:
Esto es mi cuerpo, que por vosotros es dado; haced esto en
memoria de mí.* (Lucas 22.19)

39 ◆ Dios es como un papá

Dirija una encuesta a papá

Mirad cuál amor nos ha dado el Padre,
para que seamos llamados hijos de Dios;
por esto el mundo no nos conoce,
porque no le conoció a Él. (1 Juan 3.1)

El padre de un niño pequeño lo llevó a una tienda por departamentos llena de compradores apurados y ruidosos. En medio de un atestado pasillo, el niño se asustó y se estiró para agarrarse firmemente del pantalón de su padre. Pero cuando miró, el hombre que asió por los pantalones no era su padre. Era un extraño, que sacudió al niño de su pierna y se apartó. El niño se espantó.

Estiró con desesperación la otra mano, encontró otro pantalón y se agarró del mismo con toda su fuerza. Pero este hombre en lugar de desprenderse, alcanzó la cabeza del niño y la acarició. No cabía duda, la enorme mano, el olor de su loción para después de afeitarse: este era su papá. Caminó siempre a su lado, pero el niño simplemente no sabía dónde buscar. Dios el Padre camina siempre a nuestro lado. Como hijos suyos, podemos agarrar su pierna. Él no se apartará.

Encuesta a papá Realice una encuesta siguiendo las instrucciones para la Idea 33: «Dios es como una mamá»; pero utilice la encuesta acerca de papá.

Su niña quizás piense en padres que no son buenos papás, a lo mejor algunos de los que golpean a sus niños y les gritan demasiado. Tal vez conozca niños que por una u otra razón no tienen papás. Dígale que Dios sabe que algunos niños tienen papás que no pueden abrazar, ni subirse sobre ellos, ni llorarle. Así que Dios ha decidido ser su papá. Es más, Dios es el papá de todos y somos sus hijos.

- Como cualquier papá, a Dios no le gusta cuando hacemos cosas malas o egoístas.
- Pero como un gran papá, Dios no deja de amarnos cuando hacemos tales cosas.
- Como cualquier papá, a Dios le duele que le olvidemos o desobedezcamos.
- Pero como cualquier papá, Dios jamás nos pasa por alto.
- Dios es un gran papá y ama a sus hijos más que ninguna otra cosa en el mundo.

Otras perspectivas *Un papá ejemplar.* Quizás una encuesta es muy difícil para los niños más pequeños. En lugar de ello, déle al niño una hoja para un cartel y lápices de colores para que haga dibujos de su papá en sus actividades favoritas y menos favoritas. Luego, discuta los dibujos y al papá que representan.

Carta al querido papá. Una manera de facilitar la oración es hacer que el niño le escriba una nota de agradecimiento a Dios el Papá. La carta puede comenzar con: «Querido Papá»; el resto es cosa de ella.

Parábola del papá perdonador. El héroe del relato en Lucas 15.11-31 no es el hijo prodigo, sino el papá. Lean juntos la parábola y comparen ese papá con Dios el Papá.

Encuesta a papá

¿Cuáles son las tres responsabilidades más importantes de un papá?

1. _____

2. _____

3. _____

¿Qué prefiere hacer como papá?

_____

_____

_____

¿Qué es lo que *menos* le gusta hacer como papá?

_____

_____

_____

40 ◆ Dios es como un paramédico

Ensaye un rescate

El cual nos ha librado de la potestad de las tinieblas, y trasladado al reino de su amado hijo. (Colosenses 1.13)

Un paramédico estudia, se prepara y ensaya largo y tendido para una labor: salvar vidas. Salva bebés, personas mayores, amistades, extraños, personas guapas, personas feas, héroes y criminales. Este es su trabajo.

Ese también es el trabajo de Jesús. No salva simplemente a los ricos ni a los guapos ni a los que tienen un registro perfecto de asistencia a la iglesia. Salva a cualquiera que clame por Él.

Ensayo de rescate Para ayudar a su niño a que vea a Dios como un paramédico, déle la oportunidad de que lo haga él mismo. Si es lo suficientemente mayor, tomen un curso de primeros auxilios juntos a través de la Cruz Roja local. Pueden practicar la maniobra Heimlich juntos para salvar a alguien que esté atragantado y cómo realizar respiración artificial. Aprenderá a cómo detener la hemorragia en una herida grande, qué no hacer en cuanto a una lesión en la espalda o el cuello y qué hacer si una persona se envenena.

Ensayen con una alarma de fuego para toda la familia. Quizás un niño mayor puede ver la forma de ayudar a un hermanito en caso de un fuego. Demuestre cómo suena la alarma de incendios, muestre dónde está el extinguidor y cómo se usa, cómo palpar una puerta antes de abrirla y cómo mantenerse abajo para reducir la inhalación de humo.

Hablen acerca de por qué es importante conocer estas cosas. Pregunte: «Si tuvieras la oportunidad de rescatar a alguien, ¿lo harías? ¿Por qué? ¿Arriesgarías tu vida por salvar la de otro? ¿Por qué algunos como los bomberos y los paramédicos eligen vivir rescatando personas?»

Ahora pídale a su niño que compare a Dios con un paramédico. Pregunte: «¿Cómo salva Dios a las personas? ¿De qué peligro los salva? ¿Por qué lo hace? ¿Arriesga su vida en algún momento por salvar a alguien? ¿Cómo se siente Dios cuando rescata a alguien?»

Otras perspectivas *Pregúntele a un obrero de rescate el porqué.* Llame a una estación de bomberos o a una compañía de ambulancias y pregunte si usted y su niño pueden pasar por unos minutos para entrevistar a un paramédico. Vaya a la estación y hable con el paramédico acerca de su labor. Pregunte por qué eligió esta profesión; qué le gusta más; cuál es la peor parte.

41 ◆ Dios es como un pastor

Cuide una mascota

Yo soy el buen pastor; el buen pastor su vida da por las ovejas. (Jesús, Juan 10.11)

No tengo problema alguno en imaginarme a Dios como un pastor. La parte con la cual tengo problema es la de admitir que soy una oveja. No es una metáfora muy lisonjera. Las ovejas parecen preocuparse sólo de una cosa: alimentarse. Parecen ser estúpidas, se asustan con facilidad y tienen la tendencia a buscarse problemas. Muy bien, la metáfora es precisa. Al menos hay algún consuelo en saber que si tengo que jugar el papel de una oveja, Jesús está dispuesto a jugar el papel del pastor.

Cuidar una mascota Usted podría no tener una dehesa de ovejas, pero si tiene una mascota, puede usarla para ayudar a su niño para que cree la figura de Dios el Pastor. Ayude a su niño a llenar el formulario: «Responsabilidades de un buen dueño de mascota».

Al terminar este formulario, ayúdelo a llenar la segunda parte: «Responsabilidades de Dios el Pastor».

Responsabilidades
de un buen dueño de mascota

El nombre de la mascota:_____ Edad:_____

Tipo de animal: ☐ perro ☐ gato ☐ pez
☐ otro_____ ☐ conejo ☐ serpiente ☐ cebra

NECESIDAD	RESPONSA-BILIDAD	CUÁNDO Y CUÁN FRECUENTE	QUÉ SUCEDE SI SE OLVIDA
ALIMENTO			
REFUGIO			
SALUD			
AMOR Y ATENCIÓN			

Responsabilidades
de Dios el Pastor

El nombre de la oveja (¡usted!): _____

Edad: _____

Tipo de animal: ☐ oveja   ☐ carnero

NECESIDAD	RESPONSA-BILIDAD	CUÁNDO Y CUÁN FRECUENTE	QUÉ SUCEDE SI SE OLVIDA
ALIMENTO			
REFUGIO			
SALUD			
AMOR Y ATENCIÓN			

42 ♦ Dios es como un regalo

Abra un obsequio

Porque por gracia sois salvos por medio de la fe; y esto no de vosotros, pues es don de Dios.
(Efesios 2.8)

Usted no se puede ganar a Dios, Él es un regalo. ¿Acaso no tendría que serlo? ¿Se podría imaginar ganárselo mediante, digamos, vender suscripciones para una revista mediante la campaña de recaudación de fondos de la escuela? Usted tiene que vender diez suscripciones para ganarse un juego de lapicero y bolígrafo y cincuenta para ganarse una radio portátil. A ese paso, ¿cuántas necesitaría para ganarse al Creador del universo?

Usted no puede redimir su millaje como viajero frecuente para Él, ni puede ganárselo con un billete de la lotería. No puede comprarlo, ni alquilarlo, ni rentarlo, ni ganárselo, ni pagarlo. Es un regalo: lo toma, lo abre y da las gracias.

Abra un obsequio Cómprele a su niño un regalo que pueda disfrutar y envuélvalo. Ponga una tarjeta sobre el mismo con su nombre, pero no escriba de quién procede.

Entre en el cuarto con el regalo y anuncie que lo encontró en la puerta. He aquí como podría proseguir la conversación:

MADRE: Oye, mira lo que encontré en la puerta.
HIJO: ¿Para quién es?
MADRE: La tarjeta dice que es para ti.

HIJO: ¡Qué bueno! Dámelo.

MADRE: Espera. Quizás es un regalo de cumpleaños y no deberías abrirlo hasta entonces.

HIJO: ¡Faltan tres meses para mi cumpleaños!

MADRE: Puedes esperar hasta ese día.

HIJO: ¡De ninguna manera!

MADRE: Bueno, quizás es un regalo de Navidad.

HIJO: ¡Claro! ¡No puedo esperar todo el año! Dámelo por favor.

MADRE: Bueno, ni siquiera estoy segura de que es para ti. Quizás es para otra persona con el mismo nombre. ¿Acaso no sería horrible si te equivocaras y abrieras el regalo de otro?

HIJO: ¡Mamá! ¡Déjame abrirlo!

MADRE   (lo sacude): Hmm... ¿me pregunto que será?

HIJO: ¡Mamá!

MADRE: Te lo daré en un minuto, pero déjame decirte algo primero. Yo te compré este regalo. No lo obtuve por razón alguna excepto que eres mi hijo y te amo. No te lo ganaste. No te lo doy como recompensa por buenas calificaciones, ni porque limpiaste tu cuarto, ni porque te portaste bien con tu hermanita. Créelo o no, de no haber hecho esas cosas, aún así te hubiera dado este regalo.

Déle el regalo al niño y permita que lo abra. Luego, explíquele que Dios se nos ha dado como regalo. Algunas personas tratan de ganarse el amor de Dios. Piensan que si hacen suficientes cosas buenas, o van semanalmente a la iglesia, o dan dinero por caridad, Dios decidirá amarlos. Pero Dios es inapreciable. Nadie puede comprarlo. El amor de Dios es un don. No hay nada que pueda hacer sino tomarlo, abrirlo y agradecerle por ello.

Autorretratos

Porque la paga del pecado es muerte, mas la dádiva de Dios es vida eterna en Cristo Jesús Señor nuestro. (Romanos 6.23)

¡Gracias a Dios por su don inefable! (2 Corintios 9.15)

Toda buena dádiva y todo don perfecto desciende de lo alto, del Padre de las luces, en el cual no hay mudanza, ni sombra de variación. (Santiago 1.17)

Cada uno según el don que ha recibido, minístrelo a los otros, como buenos administradores de la multiforme gracia de Dios. (1 Pedro 4.10)

43 ♦ Dios es como un Rey

Celebre una coronación

Yo Jehová, Santo vuestro, Creador de Israel, vuestro Rey. (Isaías 43.15)

Si en su niñez lo cuidó un hermano mayor, sabe lo que significa que un rey o una reina lo gobierne. Las reglas de la monarquía son sencillas:

- El rey es dueño de todo en el reino.
- Si le deja tener algo, es un favor, no un derecho.
- Si el rey le dice que haga algo y usted rehúsa, puede decapitarlo.

Estas reglas suenan opresivas para los que nos hemos criados sobre las promesas de vida, libertad y la búsqueda de la felicidad, mas esos eran los principios de casi todos los gobiernos a través del mundo hace unos doscientos años (y como son ahora en algunos países). Las características de una monarquía son importantes para comprender cómo Dios gobierna al mundo. Dios no es el Presidente de presidentes, El Eterno Primer Ministro, ni el Director del Universo. Es Rey. Lo cual significa:

- Dios el Rey es dueño de todo. Es el posadero, el maestro, el dueño.
- Dios el Rey nos permite usar sus posesiones en lugar suyo. Somos esclavos de Dios, mayordomos, siervos y

un día se nos pedirá que rindamos cuentas por lo que hicimos con ellas.
- Si Dios el Rey nos dice que hagamos algo y nos rehusamos, nos puede castigar como súbditos rebeldes.

Lo que hace a Dios un *buen* rey es cómo trata a sus súbditos. Es sabio, generoso, justo, misericordioso, protector, pronto a escuchar, lento para la ira y vernos felices es su principal placer. Nos ama tanto que nos ha adoptado como hijos suyos para que podamos vivir en su palacio para siempre. ¡Alabado sea el Rey!

Rey por una noche   Para que su niño comprenda cómo es Dios el Rey, corónelo como tal en su casa por una noche. Haga una corona de papel con su nombre en ella, déle un palo de escoba como cetro. Explíquele que él es el gobernante de la casa y sus familiares son sus súbditos: decidirá la cena, quién la preparará, el entretenimiento de la noche y así por el estilo. (Usted podría explicar que sus hermanos tendrán su oportunidad en el trono en otras noches, así que si es muy malo, saboreará su propia tiranía.) Establezca una hora cuando se quite la corona y la familia vuelva al «dominio de los padres».

Cuando finalice el reinado de su niño, hablen acerca de cómo se sintió como rey. ¿Fue divertido? ¿Difícil? ¿Fue tentado a aventajarse de sus súbditos? ¿Cuáles son las cualidades de un buen súbdito? ¿Cómo mantiene un rey felices a sus súbditos? ¿Cuáles son las diferencias entre un rey bueno y uno malo?

Ahora hablen acerca de Dios: Pregunte: «¿Cómo Dios es rey del universo? ¿Es un buen rey? ¿De qué maneras? ¿Cómo te va como súbdito de Él? ¿Qué puedes hacer ahora para ser un mejor súbdito?»

Autorretratos

Jehová reinará eternamente y para siempre.
(Éxodo 15.18)

*Porque Jehová el Altísimo es temible; rey grande sobre
    toda la tierra. Él someterá a los pueblos debajo de
nosotros, y a las naciones debajo de nuestros pies.*
(Salmo 47.2,3)

*Por tanto, al Rey de los siglos, inmortal, invisible, al único
y sabio Dios, sea honor y gloria por los siglos de los siglos.
Amén.*   (1 Timoteo 1.17)

44 ♦ Dios es como una roca

Vaya a escalar

Desde el cabo de la tierra clamaré a ti,
cuando mi corazón desmayare.
Llévame a la roca que es más alta que yo.
(Salmo 61.2)

Tsunami es una ola gigantesca de mar formada por un terremoto o una erupción volcánica. En lugares como Hawaii, donde los avisos de tsunami no son raros, hay sólo un lugar seguro a donde ir: arriba. Cuando suena la alarma, los vecinos y las amistades se marchan a las colinas y hacia lo alto de los acantilados alrededor del pueblo. Si el tsunami golpea la costa, puede eliminarlo todo a nivel del mar y a su alrededor: árboles, casas, hasta un pueblo entero.

La vida tiene sus tsunamis, inundaciones, marejadas y huracanes. Cuando acontecen estos u otros desastres físicos o emocionales, es reconfortante saber que nuestro Dios es una roca sólida e inconmovible.

Escale una peña Busque algunas rocas que pueda escalar con su niño sin que ninguno de los dos peligren. Inspecciónenla por un rato, intentando varias rutas, explorando las fisuras o grietas. Cuando lleguen al tope, siéntense juntos y coman algo. Lean la parábola acerca del hombre que construyó su casa en la arena y el que la construyó sobre la roca (Lucas 6.46-49). Hablen acerca del significado de la parábola. Pregunte: «¿En qué se parece Dios a una roca?»

Autorretratos

Viva Jehová, y bendita sea mi roca.
   Y engrandecido sea el Dios de mi
salvación.   (2 Samuel 22.47)

Y me hizo sacar del pozo de la desesperación,
   del lodo cenagoso;
Puso mis pies sobre peña,
   y enderezó mis pasos.   (Salmo 40.2)

En Dios está mi salvación y mi gloria;
En Dios está mi roca fuerte, y mi refugio.
(Salmo 62.7)

Confiad en Jehová perpetuamente,
   porque en Jehová el Señor está la fortaleza
de los siglos.   (Isaías 26.4)

45 ♦ Dios es como un sacerdote

Confiésese

Porque no tenemos un sumo sacerdote que no pueda compadecerse de nuestras debilidades, sino uno que fue tentado en todo según nuestra semejanza, pero sin pecado. Acerquémonos, pues, confiadamente al trono de la gracia, para alcanzar misericordia y hallar gracia para el oportuno socorro. (Hebreos 4.15,16)

Los sacerdotes son mediadores espirituales que se colocan entre el perfectamente limpio Dios y los humanos orejas sucias. En al Antiguo Testamento, los sacerdotes ofrecían los sacrificios y realizaban los ritos en favor del resto del pueblo. Debido a que Dios era muy meticuloso en los detalles, estos mediadores tenían que prepararse de forma muy cuidadosa y mantenerse puros para sus deberes sagrados.

Entonces llegó Jesús, el mediador ideal. Él es por completo humano, así que está calificado para hablar por el partido humano; y es por completo divino, de manera que representa el dominio celestial. Es el sacerdote perfecto, literalmente hablando.

He aquí una narración jugada por jugada de cómo obra este nuevo arreglo: Cuando usted peca, va a Jesús el Sacerdote y se confiesa (es decir, admite su egoísmo, se apena por desobedecer a Dios, pide perdón). Como compañero humano, se identifica con su lucha y se duele *con* usted. Se vuelve hacia Dios el Padre y dice: «Conozco a esta persona y sé lo que ha hecho. He pagado por su pecado y deseo perdonarla». Dios dice: «Hazlo». Entonces Jesús le dice a usted: «Tu pecado está cubierto, estás perdonado». Está limpio.

En el lenguaje religioso, Jesús el Sacerdote es nuestro confesor, intercesor, expiador y perdonador, involucrados todos en una. Cuando tiene asuntos con Dios, Jesús es con quien hay que hablar.

Confiese   He aquí una actividad que puede ayudar a que su niño entienda la función de Jesús el Sacerdote. Para prepararse, necesitará papel de magnesio, el cual se quema completamente al encenderse, sin dejar cenizas ni rastros. Puede comprar esto en cualquier sitio que vendan trucos mágicos.

Tanto usted como su niño necesitarán ese papel. Explíquele que van a escribir notas de confesión a Jesús: anoten sus pecados y pídanle a Jesús que los perdone. Después que las escriban, doble las notas por la mitad y colóquenlas en una vasija. Explique por qué le han escrito las notas a Jesús: porque es humano y entiende cómo somos tentados y se puede relacionar con nuestras luchas. Explique que cuando le confesamos nuestros pecados, Él entonces va a Dios el Padre *por* nosotros. Dios reconoce que Cristo ya lo pagó con su sacrificio. Jesús entonces borra el pecado y nos dice que estamos perdonados.

Ahora encienda un fósforo y échelo en la vasija. El papel, junto con los pecados, se desvanecerá en un destello brillante. Tome un momento para agradecerle a Dios por su perdón. Hablen acerca de la experiencia: «¿Te sientes perdonado? ¿Cómo sabes que realmente lo has sido? ¿Crees que Dios fotocopió nuestras notas antes de destruirlas? ¿Por qué nos perdona Dios? ¿Por qué le hablamos a través de Jesús?»

Otras perspectivas   *Borrón y cuenta nueva.* Si no puede encontrar papel de magnesio, puede utilizar papel común y corriente y quemarlo en una chimenea o en un fregadero, o utilizar alguna clase de pizarra (bórrela, no la queme), o utilice un ordenador de palabras y simplemente borre el documento sin guardarlo.

Autorretratos

> *Si confesamos nuestros pecados, Él es fiel y justo*
> *para perdonar nuestros pecados,*
> *y limpiarnos de toda maldad.*
> (1 Juan 1.9)

46 ◆ Dios es como un salvavidas

Practique salvar vidas

Envió desde lo alto y me tomó; me sacó de las muchas aguas. (2 Samuel 22.17)

Mi amigo Lanny imprime y vende camisetas. Hace una con la palabra SALVAVIDAS impresa al frente. Se parece a la típica de los salvavidas, hasta que uno lee lo que está impreso en letras pequeñas encima: DIOS ES MI.

No sólo es divertida, sino que es una representación precisa de Dios. Para entender cómo Dios actúa como nuestro salvavidas, tiene que entender lo que deben hacer los salvavidas.

Los salvavidas tienen dos deberes. El primero es *protegernos* del peligro; el segundo es *salvarnos* si nos metemos en problemas. El primer deber los obliga a colocar enormes letreros que dicen NO JUEGUEN y a gritar: «¡No corran!» Sin este deber de protegernos de los problemas, podrían gritar cosas como: «Corre todo lo que te venga en gana, tengo un botiquín de primeros auxilios».

El segundo deber, *salvarnos* si nos metemos en problemas, es de similar importancia. Su trabajo es rescatarnos, aun cuando pasemos por alto su consejo y juguemos o nos resbalemos al correr.

Dios el Salvavidas realiza estos mismos dos deberes en cada momento. Nos guarda de todo tipo de peligro y nos salva cuando nos metemos en problema.

Échese al agua Lleve a su niño y a uno de sus amigos a la piscina o a la playa. Dígale que simulen que los han empleado como salvavidas: su primera responsabilidad es identificar cualquier peligro y entonces haga una lista de las reglas para tratar de detener a las personas para que no salgan heridos.

A menos que descubra un lugar secreto para nadar, es probable que haya una lista de reglas colocada en algún lugar cercano. Lean juntos la lista y traten de investigar la lógica tras cada una de las reglas. ¿Hay alguna regla innecesaria? ¿Alguna que se deba añadir?

Entonces, métanse en el agua y, si usted sabe cómo hacerlo, muéstrele a los niños algunas técnicas para salvar vidas. Si no conoce los puntos básicos lo suficientemente bien como para enseñarlos, quizás un salvavidas pueda ayudarlos. Cuando todo el mundo esté listo para descansar por un rato, hablen acerca de Dios el Salvavidas.

He aquí algunas ideas para la discusión: «Como jefe de salvavidas del planeta, ¿ha identificado Dios algunos peligros de los cuales tenemos que cuidarnos? ¿Ha colocado alguna lista en algún lugar? ¿Qué aparece en esa lista? Ha hecho algunas reglas que son innecesarias?»

Pregunte: «Si haces algo que sabes que es peligroso (hurtar en las tiendas, patinar en lugares de estacionamiento que están llenos), ¿Dios va a seguir ayudándote? Si obedeces todas las reglas, ¿estarás seguro? Puedes mencionar algunos ejemplos donde Dios procura salvar a personas de situaciones que ellos no provocaron?»

Continúe: «¿Se te ocurre algún ejemplo en tu vida donde Dios el Salvavidas te guardó de algún problema o te salvó de una mala situación? Si estuviera sentado en una torre de salvavidas aquí mismo y estuviera a punto de advertirte en cuanto a algún peligro actual en tu vida, ¿qué te diría?»

Otras perspectivas *Déle un silbato.* Si ya ha intentado la actividad anterior, puede darle un silbato a su niño para recordarle la figura de Dios como su salvavidas.

Como un guardaespaldas. Un guardaespaldas es como un salvavidas terrestre. Sus deberes son proteger y rescatar a la persona que está protegiendo. Pregúntele a su niño: «¿En qué se parece Dios a un salvavidas?»

Asistente de salvavidas. Dios puede usarnos a cada uno de nosotros para ayudar a proteger las vidas de los que nos rodean. Pídale a su niño que le explique cómo serviría de salvavidas para un amigo en cada una de estas situaciones: una vida hogareña mala, un problema con drogas, problemas con la ley, que lo molestaran en la escuela.

47 ◆ Dios es como un siervo

Sea un sirviente

El cual, siendo en forma de Dios, no estimó el ser igual a Dios como cosa a que aferrarse, sino que se despojó a sí mismo, tomando forma de siervo, hecho semejante a los hombres. (Filipenses 2.6,7)

A través del tiempo, los gobiernos y las compañías alrededor del mundo han desarrollado modelos de organización con el mandamás (reina, presidente, dictador, gran cocoroco) a la cabeza y con otros mandamás en diversos niveles inferiores.

Entonces se aparece Jesús, que lo vira todo al revés: el primero será el último, los exaltados serán humillados, y toda clase de otras descabelladas ideas acerca del liderazgo. Jesús, fiel a su estilo, no se paró en un púlpito a predicar las virtudes de la servidumbre. En lugar de eso, se arrodilló y le lavó los pies a las personas.

Sea un sirviente   Sirvan usted y su niño una cena de etiqueta para el resto de la familia. Vístanse como meseros formales, con pantalones de vestir, camisas blancas y corbatas. Preparen la mesa del comedor con un mantel, velas y su mejor vajilla. Doblen las servilletas de forma extraña como hacen en los restaurantes de lujo. Ah sí, no se olvide de preparar una buena comida.

Siente a los familiares cuando lleguen a cenar; coloquen las servilletas, sirvan agua, sirva la comida y manténganse a su alrededor durante la comida. Luego del plato principal, saquen los demás platos y sirvan el postre. Si lo han hecho bien, quizás obtengan una buena propina.

Luego, hable con su niño sobre cómo se sintió siendo un sirviente. Posteriormente hablen acerca de Dios el Siervo: lo que ha hecho para servirnos y cómo demostró servidumbre.

Otras perspectivas   *Lavado de pies.* ¡Es difícil imaginarse a Jesús arrodillándose para lavar veinticuatro pies en medio de una cena! Pero eso fue lo que hizo para enseñar el servicio y usted podría intentar la acción para expresar el mismo mensaje. Las instrucciones para el lavado aparecen en Juan 13.1-13.

Autorretratos

> *Si alguno quiere ser el primero, será el postrero de todos,*
> *y el servidor de todos.*
> (Jesús, Marcos 9.35)

48 ◆ Dios es como un soñador

Sueñen despiertos juntos

Deléitate asimismo en Jehová, y Él te concederá las peticiones de tu corazón. Encomienda a Jehová tu camino, y confía en Él; y Él hará. (Salmo 37.4,5)

Algunos de los mayores logros de la humanidad comenzaron como sueños. ¿Qué pasaría si hubiera una «puerta trasera» para China? Hola América. ¿Qué pasaría si los humanos pudieran volar? Pruebe un avión. ¿Qué pasaría si hubiera una vacuna para la polio? El Dr. Salk persiguió el sueño.

Soñar es un regalo hermoso que nos ha dado Dios que soñó el universo y lo hizo realidad. Es un don inapreciable en un mundo imperfecto. En un mundo perfecto, lo mejor que puede ser es *lo que es*. No es necesario preguntar *¿qué pasaría si?*, cuando es imposible imaginarse algo mejor.

Pero nuestro mundo dista mucho de ser perfecto. Usted *puede* imaginarse un mundo mejor y hasta considerar la idea de intentar llegar allí. Puede soñar. Puede preguntar: *¿Qué pasaría si?*

Algunas veces Dios el Soñador planta su sueño en los corazones de su pueblo. Los israelitas soñaron con la «tierra prometida», de forma tan maravillosa, que fluía leche y miel. Soñaron acerca de un templo de Dios en Jerusalén. Soñaron acerca de un Mesías. Dios cumplió esos sueños a través de su pueblo.

Las buenas noticias son que Dios todavía sueña y planta sus sueños en nuestros corazones. Nuestra labor es mirar adentro para descubrir los sueños que nos ha dado para que cumplamos.

Fantasee Los niños pequeños sueñan y usan su imaginación de forma constante. Pero en algún momento en su camino a la madurez ya no preguntan *¿qué pasaría si?* y se preocupan por *lo que es*. Usted puede ayudarlos a que conserven este precioso don de soñar. He aquí unas cuantas sesiones de fantasía que usted y su niño pueden probar:

- ¿Qué pasaría si decidiera construir una casa nueva para su familia? El dinero no es problema. ¿Cuál es su apariencia? ¿Tiene una piscina interior? ¿Corre el agua de cada cuarto? ¿Y qué de una liana de su cuarto hasta la cocina, en caso de que le apetezca una banana a media noche? ¿Se convierte el garaje en un teatro? Entiende, ¿verdad? Dibuje su casa soñada en un papel, entreviste a los familiares para averiguar qué querrían.
- ¿Qué pasaría si la junta escolar le pidiera que diseñara una escuela nueva, empleara maestros nuevos, cambiara el tamaño del aula y se le ocurrieran temas nuevos? ¿Cuál es la apariencia de la nueva escuela? ¿Cuántos estudiantes están en cada aula? ¿Cómo son los maestros? ¿Qué sucede cuando el maestro envía niños a la oficina? ¿Qué temas se enseñan en la escuela?
- ¿Qué pasaría si decidiera construir un parque de diversiones en su vecindario? ¿Qué atracciones habría? Describa una de las montañas rusas.
- ¿Qué pasaría si fuera elegido Presidente? ¿Qué cosas cambiaría?
- ¿Qué pasaría si decidiera curar una enfermedad? ¿En cuál trabajaría? ¿Cómo se le ocurriría la cura? ¿Cómo afectaría su logro a los demás?

Luego de su sesión de fantasías, hable acerca de Dios el Soñador. ¿Hizo Dios algo parecido cuando creó al mundo?

¿Todavía Dios sueña? ¿Cuáles son algunos de sus sueños actuales? ¿Son sueños ilusos o trabaja para que se conviertan en realidad? ¿Cómo realiza Dios sus sueños?

Mencione algunos ejemplos de personas que soñaron para Dios y cuyos sueños se hicieron realidad: Josué y Jericó, David con Goliat (¡¿Luchar contra Goliat?!, ¡sigue soñando, David!), Daniel en Babilonia, Nehemías reconstruyendo a Jerusalén. «¿Cómo sueñas para Dios? ¿Tienes sueños actuales que también podrían formar parte de los sueños de Dios? ¿Cómo te ayuda Dios a convertirlos en realidad?»

49 ♦ Dios es como una torre

Crezca

Torre fuerte es el nombre de Jehová;
a él correrá el justo, y será levantado.
(Proverbios 18.10)

Cuando tenía unos diez años de edad, convencí a mi hermana mayor a que me llevara con sus amigas a pasar un día en la playa. Tan pronto como llegamos, me metí en el agua hasta la cintura. Cuando miré hacia arriba, vi una enorme ola a punto de romperse frente a mí. Me asusté. Traté de salir hasta la orilla, pero la resaca me haló y comenzó a arrastrarme bajo el rompimiento de la ola. Pedí ayuda.

Las amigas de mi hermana estaban paradas no muy lejos. Jim, que medía más de dos metros, corrió hacia mí, me sacó del agua por encima de la ola cuando esta rompía. Cuán pequeña se veía desde allí. Era la misma ola; lo único que había cambiado era mi perspectiva.

Dios es como una torre: alta, elegante, indestructible. Su torre no está virada y ni siquiera cobra la entrada. La vista desde arriba le convence de que hasta su mayor problema es mucho menor que Dios.

Viaje a las alturas Visite una torre con su niño. Si vive cerca de una ciudad grande, quizás existe un área de observación en uno de los rascacielos. O simplemente busque algo elevado que tenga una vista: un edificio de oficinas, uno de apartamentos o un observatorio en una montaña. Hablen acerca de cómo se siente al estar en las alturas. Pregunte: «¿Te sientes más fuerte o más poderoso porque estás en las alturas? ¿Te asustas? ¿Por qué las personas construyen edificios altos? ¿En qué se parece Dios a una torre?»

Autorretratos

> *Desde el cabo de la tierra clamaré a ti,*
> *cuando mi corazón desmayare.*
> *Llévame a la roca que es más alta que yo,*
> *Porque tú has sido mi refugio,*
> *Y torre fuerte delante del enemigo.*
> (Salmo 61.2,3)

50 ◆ Dios es como una vid

Busque una vid

Yo soy la vid, vosotros los pámpanos; el que permanece en mí, y yo en él, éste lleva mucho fruto; porque separados de mí nada podéis hacer.
(Jesús, Juan 15.5)

Las uvas no crecen de la vid, crecen de las ramas de la vid. La vid misma podría tener más de cien años, pero las ramas son nuevas en cada temporada.

Dios es como una vid. No madura el fruto de manera directa; nutre y cuida buenas ramas para que le produzcan frutos. Usted es una de las ramas de Dios. Quédese pegado a Él y le enviará lo que necesita para madurar buen fruto. Sepárese de Dios y el fruto muere, usted muere y Dios termina con menos fruto. Es un negocio malo. Quédese conectado.

Busque una vid Usted puede ayudar a su niño a comprender esta descripción botánica de Dios mostrándole una verdadera vid en acción. Si no puede localizar una porque es difícil encontrar un viñedo donde vive, busque algún árbol de cerezas u otro árbol frutal. Explique cómo la vid hace crecer las ramas para que lleven fruto. Señale cómo nutre las ramas para que crezcan lo suficientemente fuertes como para soportar el peso del fruto, pero lo bastante flexibles como para resistir la sacudida del viento.

Busque una rama que haya caído de la vid. Que su niño calcule las posibilidades de que esta rama dé frutos. Ahora hablen acerca de Dios la Vid: «Si Dios es la vid, ¿quiénes son las ramas? ¿Cuál es el fruto? ¿Cómo podemos seguir dando buen fruto?»

Otras perspectivas *Excursión con frutos de la vid.* Prepare una excursión con un almuerzo hecho de uvas: emparedados de mantequilla de maní con jalea de uva, uvas, pasas, jugo de uva, pan de pasas. Hablen acerca de cómo crecen las uvas y en qué se parece Dios a una vid.

51 ◆ Dios es como la vida

Visite un cementerio

Yo soy la resurrección y la vida;
el que cree en mí, aunque esté muerto,
vivirá. (Jesús, Juan 11.25)

Un hombre tuvo un sueño. Está parado en un cuarto oscuro cuando aparece una figura y comienza a acercársele. A medida que avanza, la reconoce: es la Muerte. No tiene rostro, sólo tiene un hábito con una capucha negra y en su mano una hoz.

El temor paraliza al hombre: no puede escapar ni gritar para pedir ayuda; ni aun casi respirar. La muerte se detiene y señala. El hombre está seguro: «Ha venido por *mí*». La muerte levanta la hoz, mientras la blande. Pero antes de que la hoja lo toque, el cuerpo de otro hombre la bloquea. Esta persona, quienquiera que sea, cae muerto. La muerte cubre el rostro con un manto. Entonces se vuelve y se aparta. El hombre grita: «¿A dónde vas? ¡Viniste por mí!» Pero la Muerte ni siquiera se vuelve; se marcha al instante.

El hombre se arrodilla al lado del cuerpo de la persona que sufrió el golpe de la Muerte. Levanta el manto. Mira el rostro de un desconocido. Lo tapa de nuevo con el manto y se aparta del cuerpo, enfermo y confuso. Entonces el cadáver se estremece; luego se sienta, después se levanta, entonces se quita el manto del rostro como si fuera una estatua que se estuviera autodevelando. Pero no es una estatua, el hombre está vivo. Rompe el manto por la mitad y lo tira a un lado. Su rostro es brillante. La sangre se ha esfumado; su ropa es enceguecedoramente blanca, tiene una cicatriz en el cuello. Sonríe y se marcha.

Lo adivinó, esto no fue un sueño. Es una alegoría de lo que en realidad le sucedió a *usted*. La Muerte le vino a buscar. La Muerte lo quiso matar. Pero Jesús se interpuso y ocupó su lugar. Tomó su muerte y murió por usted. Es como si se hubiera robado el punto final de su oración y lo pusiera en el medio de la suya para que jamás termine; ahora usted está a prueba de muerte: la tumba no tiene poder para detener su vida y es libre para vivir eternamente... sin punto de interrogación, sin punto de admiración y absolutamente sin punto final

¿Dónde está, oh muerte, tu aguijón?
¿Dónde, oh sepulcro, tu victoria? (1 Corintios 15.55)

Una visita al cementerio   Dios da vida eliminando a la muerte. Para ayudar a que su niño entienda cómo Dios es semejante a la vida misma, visite un cementerio. Caminen callados entre las tumbas; visiten la de un ser querido si así lo desean. Después de unos minutos, siéntense en un banco y déle a su niño la oportunidad de contarle lo que piensa. Pregunte: «¿Tienes miedo? ¿Estás triste? ¿Por qué?» Expresen sus sentimientos de forma franca para que se sientan más cómodos en cuanto al contexto.

Después hablen sobre la muerte en general: «¿Por qué las personas tienen que morir? ¿Qué les sucede cuando pasa eso? ¿Dejan de existir o sus mentes continúan de alguna forma?» Para saber si hay vida después de la muerte, parece que debemos hablar con alguien que haya estado allí. ¿Se te ocurre alguien que se las haya arreglado para hacerlo? ¿Por qué Jesús sufrió todo ese dolor y problema?

Ahora hable acerca de la promesa de Dios en cuanto a una vida a prueba de muerte. «¿Por qué Dios desea que vivamos para siempre? ¿Cómo podemos estar seguros de que hará lo que dice? ¿Acaso hay algo que tenemos que hacer para cumplir con nuestra parte de la promesa?»

Autorretratos

> *Oh Jehová, hiciste subir mi alma del Seol;*
> *Me diste vida, para que no descendiese*
> *a la sepultura.*   (Salmo 30.3)

> *De cierto, de cierto os digo: El que oye mi palabra,*
> *y cree al que me envió, tiene vida eterna;*
> *y no vendrá a condenación, mas ha pasado de muerte*
> *a vida.*   (Jesús, Juan 5.24)

52 ◆ Dios es como una voz

Reconozca esa voz

Voz de Jehová con potencia;
voz de Jehová con gloria. (Salmo 29.4)

La grabadora portátil se inventó alrededor del 1900, demasiado tarde como para grabar la voz de Dios. Si la hubiéramos grabado ese día en el río Jordán cuando dijo: «Este es mi hijo», sabríamos si es realmente tan profunda y retumbante como suena en las películas viejas. (Sin duda, una grabación probaría que jamás habló con cierto acento suramericano ni que jamás habló en español.)

A excepción de los reportes, que a veces aparecen en los periódicos alarmistas («Dios me habló a través de mi tostadora, ¡en holandés!»), ya no escuchamos a Dios hablar audiblemente a las personas. Fue algo raro durante los tiempos bíblicos. Dios guarda sus declaraciones audibles para ocasiones especiales: el nacimiento de su nación, dictar los Diez Mandamientos, el bautismo de su Hijo, cosas así.

Prefiere hablar con las personas de formas menos espectaculares, usando profetas, maestros, amistades, familiares, circunstancias, momentos de meditación y oración para hablarle a nuestro corazón.

Adivine quién habla Para ayudar a su niña a pensar acerca de lo que implica reconocer la voz de Dios, muéstrele cuán bien conoce la voz de otras personas. Haga una grabación de dos segundos, utilizando una grabadora portátil, de diez personas que cree su niña podría reconocer. Puede grabar las voces de los personajes de los programas de televisión y las películas, el Presidente en una conferencia de prensa, un cantante popular, comentaristas deportivos, una tía o la voz de una amiga a través del teléfono. Cuando tenga las diez grabaciones, estará listo para jugar con ella.

Dígale que lo importante es ver cuántas personas puede identificar correctamente (usted se sorprenderá). Hablen acerca de cuán sorprendente es que ella pueda identificar en dos segundos al dueño de la voz entre los cientos de voces que conoce. Pregúntele: «¿Cómo es posible esto?»

Ahora hablen acerca de la voz de Dios. Pregunte: «¿Has escuchado la voz de Dios en algún momento? ¿Cómo lo sabes? ¿Cómo habla Dios contigo? ¿Qué te dice?»